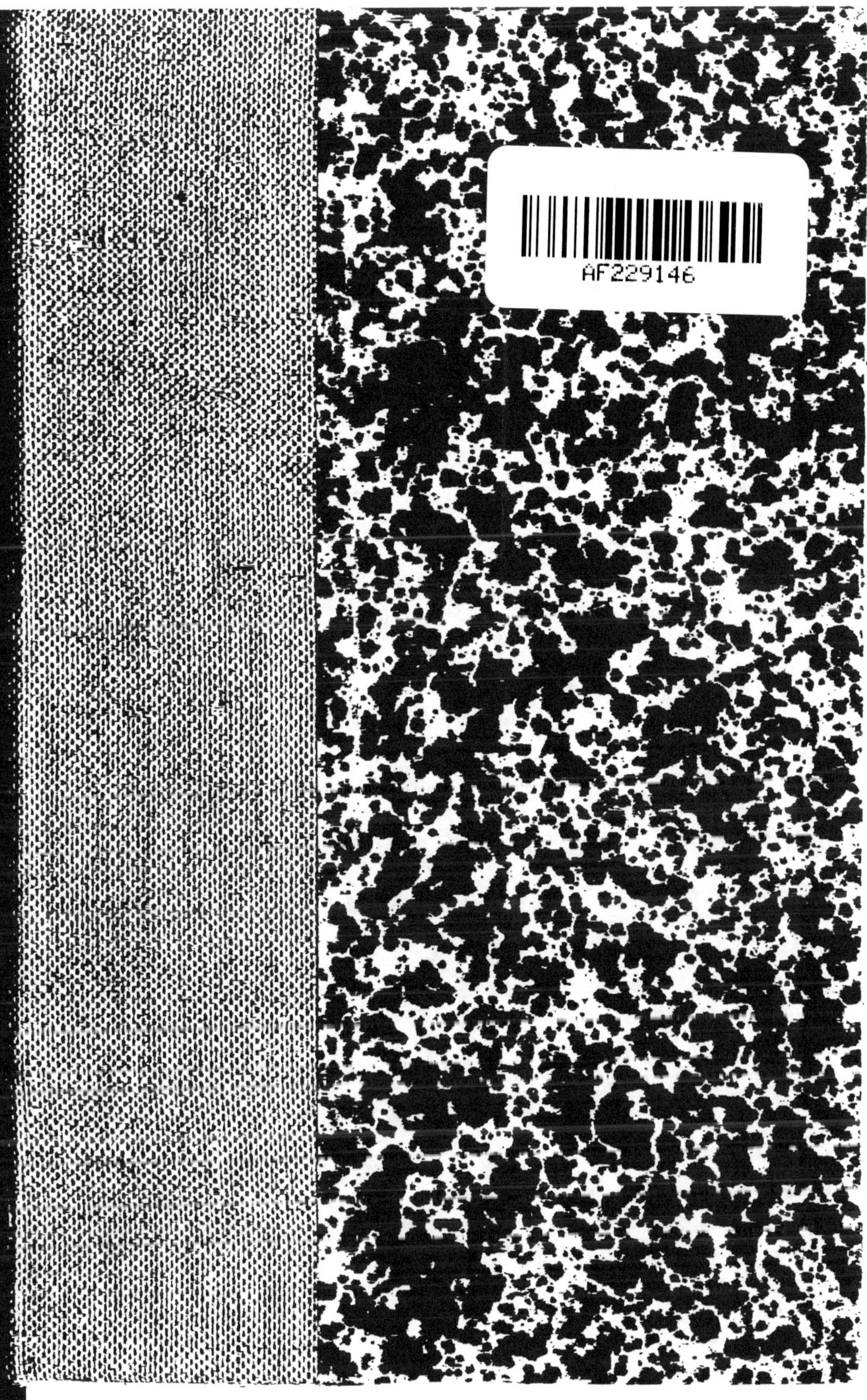

AF229146

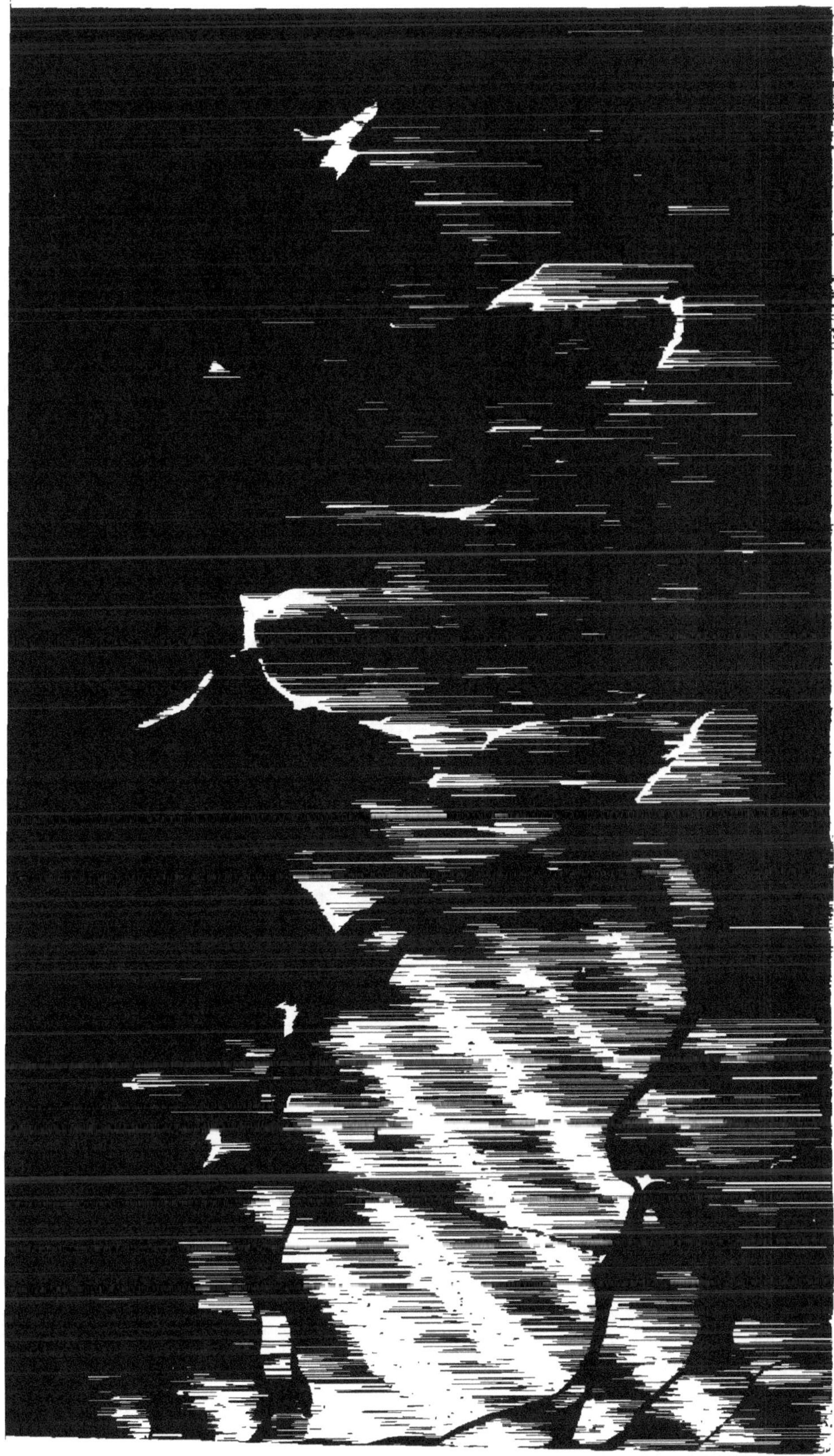

J. LENAIRE REL.

THÉODORE II

ET

L'EMPIRE D'ABYSSINIE

PAR

GUILLAUME LEJEAN

ANCIEN VICE CONSUL DE FRANCE A MASSAOUA

PARIS

AMYOT, ÉDITEUR, 8, RUE DE LA PAIX

THÉODORE II

LE NOUVEL EMPIRE D'ABYSSINIE

ET LES INTÉRÊTS FRANÇAIS

DANS LE SUD DE LA MER ROUGE

PARIS. — E. DE SOYE, IMPRIMEUR, PLACE DU PANTHÉON, 2.

THÉODORE II

LE NOUVEL EMPIRE D'ABYSSINIE

ET

LES INTÉRÈTS FRANÇAIS

DANS LE SUD DE LA MER ROUGE

PAR

GUILLAUME LEJEAN

ANCIEN VICE CONSUL DE FRANCE A MASSAOUA

PARIS

AMYOT, ÉDITEUR, 8, RUE DE LA PAIX

1867

PRÉFACE

L'auteur de ce livre n'a pas cédé en l'écrivant à la fantaisie plus ou moins innocente de se mettre en scène sur un théâtre un peu lointain, inconnu à l'Europe. Il a un but moins personnel et plus sérieux.

La dernière guerre d'Orient n'a, grâce à Dieu, rien raffermi de ce qui croule de soi-même; mais elle a eu un résultat moral qu'on ne peut nier, celui de porter une lumière vigoureuse sur des questions fort troubles, qu'obscurcit encore un pêle-mêle d'intérêts et de passions contradictoires.

Il a fallu cette tempête inattendue pour arracher le public à la calme ignorance où il se complaisait. Après avoir passé par d'assez étranges enthousiasmes, il a, avec une bonne foi qui lui fait honneur, accepté la leçon nette et nue des faits. Il n'a pas tardé à voir dans cet Orient lointain deux courants, deux mondes distincts : le monde musulman, dominant, pour ne pas dire oppresseur, copiste maladroit de nos progrès matériels, ennemi de nos idées qui pèsent sur lui comme une vague menace, immobile, sans ressort moral, rongé au cœur, fini, et acceptant sa fin avec une résignation qui n'est pas sans grandeur : — et les populations chrétiennes, nombreuses, jeunes, pleines de sève et de flamme, attirées vers l'Occident par toutes leurs aspirations et l'aimant ardemment, même avant de le comprendre.

La France, égarée un instant (au seizième siècle) dans le camp des Barbares, par un coup de tête inintelligent de François Ier, a vite retrouvé sa vraie voie. La politique ferme et habilement hautaine de Louis XIV a posé, dans les *Capitulations*, les bases de ce protectorat des chrétiens d'Orient qui est, depuis deux siècles, un patrimoine moral de la France, et qu'une politique plus souple, sans être moins soutenue, a vigoureusement relevé depuis quelques années. Tout ce qui a été accompli en faveur des populations chrétiennes du Levant, malgré des coalitions égoïstes et sournoises, donne la mesure de ce qui a été cherché et voulu. Les Orientaux ne s'y trompent pas, et les chaudes sympathies qui se rallient à notre drapeau, de Belgrade à Damas, d'Athènes à Yassy, nous le témoignent assez.

Cette politique, je le sais, a ses contradicteurs; il y a encore des Épiménides de 1827 qui en sont à regretter que la Grèce et la Serbie soient nées. Je ne puis, en conscience, leur faire l'honneur de discuter leurs idées, s'ils en ont. Mais, il y a aussi des esprits à la fois sincères, honnêtes, étroits, qui voient un danger dans tout entraînement généreux, et, pour trouver des excuses à leur égoïsme naïf, se hâtent d'accepter comme vérités les lourdes et plates banalités de la presse anglaise ou autrichienne, à l'endroit des chrétiens du Levant. — « Ils ne sont pas aptes à la vie publique, ils manquent d'hommes marquants, leur éducation politique est encore à faire. » — Excellente raison, apparemment, pour ne jamais la commencer. — « Ils sont à demi-barbares, sans ressort militaire, des *Raïas* dépravés par quatre siècles d'esclavage. » — C'est pour cela, sans doute, qu'il faut encore prolonger leur oppression. Logique des gens positifs, les *réalistes* de la politique.

Est-ce à dire que je demande une réaction violente contre l'Islamisme? Ce serait de l'illogisme en sens opposé. Mais comme nul au monde, pas même le sultan, ne croit à la durée de l'empire turc, je pense qu'il serait d'une politique à la fois humaine et habile de ne pas se laisser surprendre par la catastrophe plus ou moins prochaine.

La diplomatie semble convaincue que l'écroulement de cet empire ne peut former qu'une grande place vide, où chacun craint de voir un pouvoir rival s'installer et se fortifier. Mais précisément le moyen qu'il n'en soit pas ainsi, c'est que la place ne soit pas *vide :* c'est qu'elle soit occupée par le légitime propriétaire, le chrétien indigène, instruit, éclairé, moralisé. Jusque-là, empêchez les séditions d'en bas, rien de mieux : mais empêchez l'oppression d'en haut.

Il ne faut pas qu'une formule creuse : — « l'intégrité de l'empire ottoman, » — devienne le lit de Procuste, sur lequel la diplomatie européenne doive immoler sept nations vivantes et seize millions d'hommes.

Le plus grand crime des chrétiens d'Orient, au fond, c'est qu'ils sont faibles. Il y a contre eux une sorte de prescription de la conquête. Bien des gens paisibles conviennent de grand cœur que l'Europe s'est préparé de grands embarras en laissant tomber, l'un après l'autre, tous ces peuples paladins, boulevards de l'Occident anarchique et divisé : les Hongrois de Hunyade, les Serbes de Lazare, les Valaques de Michel le Brave, les Alba-

*_.

nais de Scander-Beg. — « Mais le passé est irréparable. On ne fait pas de politique avec des regrets. Ah! s'il restait debout, dans ce monde barbare, un état chrétien libre, fort, une race jeune à aider, à civiliser, à encourager, à soutenir!... »

Cette nation est toute trouvée : c'est l'Abyssinie.

Je n'ai pas la prétention de révéler un peuple que des voyageurs illustres ont étudié à fond avec beaucoup de conscience, et peut-être avec trop peu de sympathie. Les peuples nouveaux ne se laissent voir bien intimement qu'à ceux qui les aiment.

Notre amour-propre et nos idées européennes préconçues ne nous permettent pas d'accepter du premier coup ce fait étrange d'un État africain, où le christianisme, combiné avec l'esprit militaire, a produit un état social et une succession d'évènements qui en font la copie la plus exacte de l'Europe au moyen-âge. Les voyageurs dont je parle ont vu la féodalité abyssine au *summum* de sa puissance ; j'ai, vingt ans après eux, assisté à la crise violente qui paraît devoir l'anéantir comme pouvoir. C'est cette situation, intéressante par elle-même et par les comparaisons rétrospectives qu'elle éveille, que je veux montrer dans ce livre.

Pour trouver dans l'histoire de France quelque chose d'analogue à l'état de l'Abyssinie, il y a douze ans, il faut se reporter aux premières années du quinzième siècle. Le royaume présentait à l'extérieur l'apparence d'un pouvoir fort et d'une nation de premier ordre, mais mille germes de décomposition le travaillaient sourdement. L'aristocratie d'épée, qui avait illustré et défendu la patrie, n'avait gardé de son pouvoir que les côtés oppressifs et dangereux. Elle croyait à ses fiefs plus qu'au sol national. La royauté avait perdu son prestige à mesure qu'elle gagnait en pouvoir fictif : deux ou trois grands vassaux, Bourgogne, Saint-Pol, Berry, étaient les vrais rois de France. Décimé et ruiné par un siècle et demi de guerre étrangère, compliquée de guerre intestine, le peuple était devenu indifférent à force de misère, comme la noblesse à force de légèreté. Pas d'armée nationale, car le soldat des contingents féodaux était à son baron avant d'être au roi ou au connétable. La capitale et le royaume étaient à la merci d'une seule bataille, comme on le vit à Azincourt.

On sait quel fut le miracle d'enthousiasme qui sauva cet état désespéré : mais je suppose qu'au lieu de Jeanne d'Arc, la guerre civile eût suscité un jeune soldat pauvre et de bonne maison, rusé, taciturne, hanté de bonne heure par le fantôme d'une destinée sans égale ; que ce soldat, arrivé de victoire en victoire jusqu'au pied du trône, se fût hardiment substitué à la dynastie légitime dégénérée, en se créant une légende, une généalogie et une légitimité ; que, tout en fortifiant la tradition par le retour aux institutions des temps les plus brillants de la monarchie, il eût supprimé, au nom du salut public, les rouages défectueux de l'État, les parlements simoniaques, les revenus excessifs du clergé, les troupes féodales, remplacées par une armée régulière, les grands vassaux, remplacés par des lieutenants généraux tellement compromis avec lui qu'ils eussent été sûrs de ne pas lui survivre ; qu'ainsi monté au faîte, il eût jeté pour pâture à l'orgueil national asservi, mais énivré, quelque programme semi-fantastique : — « Revendication des limites de l'empire au temps de Charlemagne ; » — qu'aurait pu penser un esprit froid et impartial de cet homme et de la crise où il se serait joué ?

Aurait-il, supprimant près de quatre siècles, fondé, dès 1410, ce que nous avons si péniblement conquis en 1789 ? Eût-il, au contraire, disparu violemment dans la tempête, laissant derrière lui, sur les ruines accumulées par son despotisme, la féodalité victorieuse, déchaînée, ivre de vengeance et de réaction ?

C'est le problème qui se pose aujourd'hui à propos de Théodore II, « roi des rois d'Éthiopie. »

Les *dilettanti* indifférents, qui ne cherchent dans l'histoire que des types dramatiques, ne peuvent refuser à celui-ci une certaine attention. Porté au trône par les fluctuations tumultueuses de l'anarchie, il s'est retourné violemment contre elle. Maître d'une armée puissante et enivrée de lui, il pouvait tout, mais il a compris que les coups de soldatesque ne fondent rien par eux-mêmes : il a pris le passé pour base, s'en est hardiment déclaré l'héritier légitime et l'a fait proclamer partout. La génération présente doute et murmure, mais celle qui arrive le croira. Les contradictions au milieu desquelles il vit ont une suite et une logique qui défie toutes les probabilités. Très-dédaigneux, dans ses discours, de l'opinion publique, il n'entreprend rien sans l'avoir pour lui. Veut-il renverser une institution séculaire qui le gêne, il provoque contre elle un mouvement populaire d'opinion, et la jette à bas, au nom du salut public. Admirateur de l'Europe en paroles, et méprisant pour son peuple,

il n'en refuse pas moins les avances des
puissances étrangères, avances qu'il a le
tort de croire intéressées, et veut que
l'Abyssinie se suffise à elle-même pour
ses besoins moraux comme pour ses nécessités matérielles : *l'Abissinia farà da se*.
Puis, après plusieurs années de gouvernement énergique et prospère, des révoltes
sans fin et sans but avouable l'ont fait
passer brusquement aux actes violents : il
a répondu à la rébellion par le terrorisme;
et, dans cette lutte sanglante engagée
depuis deux ans entre un peuple et un
souverain également exaspérés, la cavale
et le cavalier semblent courir droit aux
abîmes.

« Que pouvons-nous y faire? disent
les gens prudents. Rien, sans doute, pour
le moment, si ce n'est empêcher l'ennemi
de profiter des fautes et des malheurs de
l'Abyssinie. L'ennemi commun des intérêts de l'Europe et de l'humanité, c'est tel
gouvernement prétendu civilisé qui guette
sournoisement les imprudences de Théodore pour l'accabler brusquement, se sai-

sir par un guet-apens de ce grand peuple épuisé, supprimer, au scandale de tout l'Orient, le dernier état du Levant où le christianisme règne libre et souverain, remplacer les rudes vertus de l'Abyssin par toutes les plaies sociales de l'Égypte *régénérée*... « Qu'est-ce que cela peut nous faire ? » répliqueront de très-bonne foi les gens paisibles. Le but principal de ce livre a été de répondre à cette objection. Quoi qu'il puisse arriver, j'aurai apporté ma somme d'informations devant l'opinion publique : ce sera à elle d'aviser.

Plouégat-Guerrand, 20 août 1865.

THÉODORE II

LE NOUVEL EMPIRE D'ABYSSINIE

ET LES INTÉRÊTS FRANÇAIS

DANS LE SUD DE LA MER ROUGE

I

Voilà à peine trente ans que l'attention du public, éveillée par le voyage aventureux de deux jeunes français en quête de fortune (1), s'est portée sur l'Abyssinie, et déjà ce pays nous est plus familier que telles contrées riveraines de la Méditerranée ou de la mer Noire. Par une singulière coïncidence, dix ou douze bons livres, parus dans un espace de moins de huit ans, ont répandu dans le public demi-lettré de France, d'Angleterre et d'Allemagne une somme surprenante de notions précises sur

---

(1) Combes et Tamisier.

l'antique empire éthiopien. On sait aujourd'hui que par delà le tropique, au milieu des solitudes brûlées qui vont du Nil à la mer Rouge, s'élève, à sept mille pieds au-dessus de l'Océan, une région qui semble un fragment de l'Europe tempérée tombé par hasard dans l'aride Afrique : région qui peut lutter avec les plus privilégiées de l'Occident pour la fertilité du sol, l'abondance des eaux, la richesse de la végétation, la splendeur variée des paysages. Chez l'homme, le contraste n'est pas moindre. Entre des peuples nègres tout à fait abrutis et des tribus nomades qui n'ont pas changé depuis les Pharaons et les Hycsos, l'Abyssin tranche par les traits purement européens de son visage, la souplesse de l'intelligence, l'aptitude au progrès moral, et enfin par une fidélité traditionnelle à des institutions qui n'ont rien d'africain. Pour comprendre l'état politique et social de l'Abyssinie contemporaine, il n'y a qu'à se reporter à l'Europe chrétienne et féodale du moyen-âge : cette similitude, qui apparaîtra plus d'une fois dans le cours de ce livre, n'est pas une des moindres causes de l'attrait tout particulier qu'a pour nous cette étrange contrée.

Je ne veux point refaire, après beaucoup

d'excellents auteurs (1), le tableau détaillé de l'Abyssinie. Il me suffira d'esquisser à grands traits le théâtre des événements que j'ai à raconter, et le peuple au milieu duquel ils se sont passés.

On sait que le nord-est de l'Afrique est une vaste région basse, aride, semée de montagnes isolées ou de massifs irrégulièrement articulés, d'une altitude moyenne de cinq cents mètres au-dessus de la mer, et inféconde partout ailleurs que sur le parcours immédiat du Nil. A l'extrémité sud de cette région déshéritée se dresse un plateau triangulaire de plus de 150 lieues de côté, dominant la plaine d'une hauteur abrupte de deux mille mètres, formidable citadelle d'origine volcanique, au sommet de laquelle le voyageur est surpris de rencontrer la température, les productions et les cultures du centre de la France. C'est la fameuse *Dega*, le plateau abyssin sillonné de plus de cent vingt rivières et d'au moins quatre mille ruisseaux, répartis presque également entre les bassins des deux grands fleuves Abyssins, l'Abaï et le Takazzé, dont le premier traverse les eaux limpides et profondes du lac

(1) Bruce, Salt, Lefèvre, Ferret et Galinier, Rüppel, Mansfield-Parkyns, etc.

Tana, vaste cratère volcanique de dix lieues de diamètre. Au pied et tout le long de la Déga se développent les forêts vierges de la *Kolla*, terre basse, embrasée, malsaine, que l'homme abandonne prudemment aux lions, aux éléphants et aux rhinocéros, et qui font à l'Abyssinie une ceinture naturelle non moins redoutée que ses défilés et ses âpres montagnes.

Le peuple qui vit sur ce plateau compte de quatre à cinq millions d'âmes, soumises, de temps immémorial, à une monarchie héréditaire qui, pour mieux assurer sa perpétuité, a hardiment uni ses origines aux traditions religieuses de la nation. Selon les lettrés abyssins, le premier de leurs rois fut Ménilek, fils de Salomon et de la belle reine de Saba : mais les chroniques, qui lui donnent quatre cents ans de règne et l'appellent aussi Aroë (le serpent) nous avertissent assez que nous sommes en pleine légende et semblent garder le vague souvenir d'un temps où les bêtes fauves et les monstres régnaient seuls sur ces belles contrées. Selon l'histoire critique, la monarchie abyssine remonterait à un siècle avant notre ère. Des relations pacifiques avec les Grecs d'Alexandrie amenèrent chez les Abyssins une certaine civilisation qui coïncida avec une grande extension politique et y aida peut-être. Etablis à Axum, les rois abyssins, ou agaazi (*libres*, nom national de ce peuple) s'étendirent par la conquête au delà du Takazzé, en Nubie, en Arabie, et au midi jusqu'au pays de l'or. Au quatrième siècle de notre ère l'Abyssinie reçut le Christianisme des patriarches d'Alexandrie : et ce fut la double base militaire et religieuse d'une monarchie qui a été la plus brillante de l'Afrique indigène. Elle perdit de bonne heure ses conquêtes de l'Yemen, mais elle possédait encore au seizième siècle le littoral ouest de la mer Rouge et les régions, aujourd'hui presque inconnues, qui s'étendent jusqu'au 7° de latitude.

Ce n'est point ici le lieu de faire l'histoire des révolutions de l'Abyssinie, racontée d'ailleurs par Bruce, Rüppel, et suffisamment popularisée par des compilations nombreuses et détaillées. Protégés par leur caractère demi-sacerdotal, qui leur avait valu au moyen-âge, chez nos pères, le titre de *Prêtre Jean*, les empereurs d'Abyssinie ne virent point l'hérédité menacée chez eux : mais cette sécurité même contribua à en faire en quelque sorte des idoles vivantes et régnantes enfermées au fond d'un palais, au lieu des chefs guerriers qu'aurait préférés un peuple belliqueux, ivre de gloire et de souvenirs militaires. Ils devinrent peu à peu des lettrés, des artistes et des rois fainéants, et tout ce qu'ils perdirent en pouvoir réel fut gagné par une féodalité turbulente et anarchique. Il y a un siècle, un grand vassal habile et hardi, *ras* Mikaël, put faire et défaire des empereurs. Il est vrai qu'il fut accablé par une coalition de ses pairs : mais en 1798, une famille d'aventuriers à demi-sauvages (*ras* Gougsa et ses fils) réussit à accaparer les plus hautes dignités de l'État, à régner de fait à Gondar et à gouverner l'Abyssinie presque entière jusqu'à 1830.

Avant d'entrer dans le récit des évènements contemporains, il n'est pas inutile d'expliquer le mécanisme politique qui a gouverné ce pays depuis tant de siècles et que les derniers évènements ont si profondément modifié.

L'empereur d'Abyssinie porte officiellement le titre de *négus nagast za Aitiopiya* (roi des rois d'Ethiopie) en mémoire des quarante-quatre provinces qui portent officiellement le nom de royaumes. Son pouvoir est loin d'être absolu, car il est limité par le *Fetha-nagast* (code impérial) auquel il ne peut rien changer, et qui assure aux grands vassaux de l'Empire leurs droits et leurs prérogatives. Les principaux de ces grands officiers sont : le *Ras* (connétable), qui a son palais à Gondar et qui, depuis un siècle, est un vrai *maire du palais* : le *Baharnagach* (roi de la mer), prince des côtes de la Mer Rouge : ce n'est plus qu'un titre honorifique depuis que les négus ont perdu ce littoral : le *balambras* (grand-écuyer :) c'est aujourd'hui le gouverneur des quatre provinces confinant au Sennâr et des prisons d'État du Saramba. Viennent ensuite les *Dedjaz*, qui répondent à peu près à nos ducs. Il y a encore un grand nombre d'offices, sans compter les charges purement militaires qui, elles, ne sont point héréditaires.

La féodalité abyssine a les plus grands rapports avec celle de l'Europe au temps des croisades. Les fiefs (Goult) ont été personnels à l'origine : aujourd'hui encore, non-seulement le négus, mais encore le moindre officier inféode des terres à qui lui plaît, à charge de redevance et de service militaire. C'est la terre, et non l'homme, qui doit le service féodal : le simple *Bala-Goult* ou petit noble le doit à son *Mokonnen*, à son suzerain, celui-ci à son supérieur, et ainsi de suite jusqu'au négus, le suprême baron. En cas de forfaiture, il y a confiscation de la terre : ces confiscations ont été très-fréquentes depuis une trentaine d'années.

Le paysan non noble a aussi sa constitution, il a la paroisse (*Agher*) administrée par le *Tchéka* (maire) et les anciens. Le Tchéka est élu par les habitants : il est responsable dans sa personne et dans ses biens de la conduite politique de ses subordonnés, des révoltes, des refus d'impôts. En compensation de cette responsabilité qui est fort sérieuse, le Tchéka a l'important privilége d'héritier des terres de tous ceux de ses administrés qui meurent sans héritiers directs : d'où le dicton abyssin : « Comme le ciel appartient à la lune, la terre appartient au maire : »

Tsamaï lo tseréka.

Mider lo Tchéka.

Le Tchéka n'a pas le pouvoir judiciaire : celui-ci appartient au *choum*, chef cantonnal à la nomination du négus, mais qui de fait est ordinairement un seigneur de district confirmé par le souverain. Les juridictions supérieures sont celles des dedjaz et autres barons ayant le droit de *nagarit*, c'est-à-dire le droit de faire porter devant eux un nagarit ou tambour de guerre : le tribunal suprême est la cour des douze *Likaouent* (pluriel de *Lik*) ou juges inamovibles, siégeant à Gondar, sous la présidence du negus : ils sont chargés d'enseigner, de maintenir et d'interpréter le *Fatha nagast*, et le négus, siégeant en haute cour d'appel, est tenu de se faire assister d'eux et de juger selon leurs décisions.

La législation pénale atteste une certaine douceur de mœurs. La peine de mort n'existe pas en matière politique : les rebelles de haut rang ne sont punis que par la confiscation et l'emprisonnement dans une *amba* (forteresse naturelle au sommet d'une montagne presque inacessible) : les bandits obscurs et les voleurs subissent l'amputation de la main droite et du pied gauche (la main qui tient le sabre et le pied qui sert à monter à cheval). Ce supplice est rarement mortel par lui-même, mais la fureur des dernières guerres civiles y a ajouté des raffinements qui le rendent un équivalent aggravé de la peine de mort. En cas de meurtre, la famille de la victime a rigoureusement le droit de réclamer le talion, mais presque toujours elle se contente d'une composition en argent, et si le coupable est insolvable, il a la ressource infaillible d'une quête qu'il fait en compagnie de son créancier. Je ne connais qu'un crime qui entraîne la peine de mort : c'est la vente d'un chrétien comme esclave.

L'église est un troisième pouvoir qui balance, s'il ne la dépasse, l'influence de la couronne et de la féodalité. J'ai dit que l'Abyssinie se fit chrétienne au quatrième siècle : elle conserva des rapports hiérarchiques avec l'église d'Alexandrie, et quand la conquête de l'Égypte par les musulmans vint rendre ces rapports plus précaires et plus rares, les esprits prévoyants s'inquiétèrent d'une éclipse possible de la foi. De là la fameuse constitution de saint Tekla Haïmanot, le patron de l'Abyssinie, et qui vivait au douzième siècle. Pour resserrer les liens avec Alexandrie, peut-être pour empêcher la féodalité d'envahir par ses cadets les hautes charges de l'Église, comme cela est arrivé en Europe au moyen-âge, le saint, qui était lui-même *abouna* (évêque) d'Abyssinie, décréta qu'à l'avenir *l'abouna* ne serait jamais un indigène, mais un Copte, désigné et sacré par le patriarche d'Alexandrie : il profita de son ascendant sur le négus régnant pour faire allouer à l'église un tiers au moins de l'empire, et organisa la redoutable machine théocratique contre laquelle le gouvernement actue réagit de toutes ses forces. Du reste, l'Abyssinie adopta les livres saints, la liturgie et les dogmes de l'église catholique, à l'époque où saint Frumence lui apporta le culte nouveau, et n'a pas suivi l'église copte dans ses hérésies et ses variations : il en est résulté, dans les derniers temps surtout, que la soumission du clergé abysssin à son *abouna* a été hiérarchique sans être théologique, et que la Propagande romaine, en faisant sagement aux Abyssins des concessions de forme (mariage des prêtres, célébration des offices en langue *ghèz* (1), date de célébration de la Pâque etc.) a préparé la rentrée plus ou moins prochaine de cette antique église au sein de la grande unité catholique.

L'église actuelle, malgré ses imperfections et son ignorance, est utile par certains côtés : elle maintient l'esprit national, adoucit les maux de la guerre au moyen du droit d'asile, étendu à toutes les églises, mais principalement aux *ghedem* ou circuit de certains temples ou monastères plus vénérés que les autres : l'instruction publique est entre ses mains, instruction fort limitée sans doute, car la théologie, aidée d'une scolastique subtile et stérile, en fait presque tous les frais. Cependant l'ardeur et l'intelligence que les Abyssins apportent à ces études

(1) Langue morte, qui est la langue sacrée de l'église abyssine. L'amharique ou *amarínga*, est la langue officielle parlée.

permettent d'espérer de brillants résultats pour les écoles à l'européenne qui pourraient plus tard s'ouvrir parmi eux. J'étonnerai sans doute mes lecteurs en affirmant que sur deux groupes de cent jeunes gens de toutes classes, pris, l'un en France et l'autre en Abyssinie, le nombre de ceux qui savent lire et écrire sera plus élevé dans le second groupe que dans le premier. C'est assez humiliant à avouer pour un Français, mais c'est strictement vrai.

J'ai dit plus haut qu'en 1830 la famille Gougsa régnait de fait à Gondar. Suspecte aux Abyssins par son origine musulmane, ses liaisons de sang et de politique avec les Galla musulmans, ennemis-nés de l'Empire elle opposait à son impopularité l'éclat d'une conversion fastueuse et son zèle à bâtir ou à réparer des églises. Les provinces éloignées ne lui obéissaient pas, et sans parler du Choa, gouverné depuis plus d'un siècle par une dynastie indigène qui défendait avec vigueur contre les infidèles cette frontière extrême de l'Abyssinie, les provinces au delà du Takazzé formaient un royaume florissant. Il était régi par un soldat de fortune, de race étrangère (il était Saho, des bords de la mer Rouge), nommé Sobhogadis, qui réalisait le

type du prince accompli, tel que l'aime et le
comprend l'esprit indigène : brave, pieux, libéral, imprévoyant. Ce nouvel état porta ombrage
au dernier des Gougsa, le *ras* Marié, qui, aidé
d'un aventurier dont on commençait déjà à
beaucoup parler, *dedjaz* Oubié, passa le Takazzé (février 1831) et tomba sur les Tigréens
dans la plaine de Maï Islamaï.

Sabhogadis fit fautes sur fautes, et fut écrasé
malgré l'intrépidité de son fils *dedjaz* Hagous,
qui abattit d'une balle le porte-parasol du Ras
et du coup suivant tua le roi lui-même. C'en
était assez pour entraîner la déroute de ses
soldats : tout fut sauvé par la présence d'esprit
d'un officier qui saisit le parasol, sauta en croupe
du ras et maintint le cadavre dans une position
qui fit croire aux soldats qu'il était seulement
blessé. La cavalerie galla de Marié sabra les
Tigréens et les poursuivit pendant près de
quinze lieues, couvrant les routes de morts :
Hagous fut tué, Sobhogadis pris, et égorgé de
sang-froid par Oubié. Sa mort fut l'occasion
d'un deuil général. « Ah ! dit une chanson restée
populaire, seront-ils bénis, ceux qui auront
mangé d'un blé arrosé d'un pareil sang ? »

Débarrassé, par ce haut coup de fortune,
des plus hautes têtes de l'empire, Oubié voyait

s'ouvrir devant lui une carrière à la hauteur de son ambition sans scrupule et sans frein. La vie d'Oubié est un roman décousu qui commence à sa naissance même. C'était l'enfant d'un caprice de *dedjaz* Haïlo, jeune prince qu'une pluie d'orage avait surpris à la chasse et forcé de passer quelques heures dans la maison d'une belle veuve de Djanamora. La famille de *dedjaz* Haïlo ressemblait assez à celle de Richard Cœur-de-Lion, « où la destinée condamnait les pères à haïr leurs fils, et les fils leurs pères. » Haïlo ayant renié son bâtard, *ras* Gavri, son père, adopta l'enfant pour être désagréable à Haïlo, qui, à sa mort, deshérita Oubié, contrairement à la législation abyssinienne, laquelle ouvre la succession aux bâtards aussi bien qu'aux enfants légitimes. Oubié, le sabre au poing, parvint à évincer ses frères, écarta ses oncles, battit l'un après l'autre ou fit tomber dans des guet-apens cyniquement tendus les chefs brillants et écervelés de la féodalité indigène. Vers 1840, il exerçait de fait l'autorité royale depuis les environs de Massaoua jusqu'aux portes de Gondar. Il ne restait plus en face de lui que deux hommes, le *ras* ou connétable Ali, maître de Gondar et des provinces centrales, et *dedjaz* Gocho, grand-baron, à peu près inattaquable au fond des montagnes du Godjam. Oubié avait sur ces deux hommes une supériorité manifeste : il avait un but, celui de se substituer à la dynastie abâtardie qui s'éteignait dans les vastes salles désertes du palais de Gondar, et de renouer la chaîne des négus belliqueux et dominateurs, qui n'étaient plus depuis trois siècles qu'un souvenir ironique pour le présent. Il s'était donc assuré, pour l'indispensable formalité du couronnement, le concours intéressé de l'*abouna*, chef de l'église nationale, et, fort de cet appui, il alla présenter la bataille à ras Ali devant sa propre résidence de Devra-Tabor.

Cette bataille, livrée en février 1842, pourrait passer pour une comédie grotesque, si le sang humain n'y avait coulé. Le *ras*, voyant dès la première charge sa cavalerie enfoncée, se sauva au galop et ne fut retrouvé que quinze jours plus tard, caché au fond d'un couvent dans les montagnes du Lasta. Trois de ses généraux, croyant tout perdu, se rendirent pour déposer les armes à la tente d'Oubié, qui était ivre-mort. Au terme d'une série de malentendus bouffons, ils l'emmenèrent solidement garrotté, ainsi que l'*abouna*. Ras Ali, qui était réellement vainqueur, montra dans cette occasion la générosité indolente qui faisait le fond de son caractère. Aimant mieux avoir affaire à un vassal qui lui promettait reconnaissance et fidélité que d'avoir à combattre successivement les grands barons qui se disputaient à coups de lance les états d'Oubié, il rendit à celui-ci une liberté dont il fit l'usage qu'on pouvait prévoir. Il se rendit, lui sixième, dans le Semen, regagna la forteresse de l'Amba-Haï, où étaient entassés ses trésors, répandit l'argent des deux mains, et réunit aisément des partisans parmi cette foule de gens qui, en Abyssinie, n'a qu'un sabre pour gagne-pain et qui vit à la solde et à la gamelle de tout grand baron insurgé.

Les Tigréens, peuple spirituel et de peu de cervelle, n'avaient pas su, depuis la défaite de leur tyran, s'organiser eux-mêmes, et s'épuisaient dans des guerres intestines. Après avoir divisé, dupé et battu successivement les barons, le bâtard, plus fort que jamais, rouvrit la campagne contre ras Ali (1847). Cette campagne se réduisit à une série de marches dans les Alpes du Semen, au milieu d'un froid rigoureux qui contribua beaucoup à la rendre inoffensive ; elle ne fut marquée que par des combats d'un intérêt secondaire et un grave échec subi par l'amazone Ménène, mère de ras Ali, qui commandait à Gondar e: s'était mise en marche avec un corps d'armée pour prendre part à la guerre. En traversant le Voggara, elle fut rencontrée par un jeune·chef de partisans, appelé Kassa, avec lequel elle avait eu des démêlés récents, et qui s'était approché du théâtre de la guerre avec l'intention probable de se joindre au plus fort. Il tomba sur les troupes de Menène, les dispersa, et porta de sa main à la princesse un coup de lance qui lui traversa la cuisse. Ce combat fit du bruit, mais les deux partis étaient loin de deviner dans ce guerrier discourtois, l'homme destiné à renouveler l'empire d'Éthiopie sur les ruines sanglantes de sa féodalité.

II

Dans les derniers jours de l'année 1854, dit une légende très-populaire dans l'Abyssinie, un officier nommé Kassa campait avec un escadron de cavalerie dans un plaine voisine du lac Tana. Suivi d'un page et de deux cavaliers, il s'avança vers le lac, et, arrivé à trente pas du bord, il fit signe à ses hommes de rester en arrière ; puis il vint seul jusqu'à la berge et prononça quelques paroles magiques. Alors un épais nuage sortit de la surface liquide du lac, et montra, en se dissipant, un groupe de *changalla* (nègres) qui dressèrent un trône : un grand changalla sortit de l'eau, la couronne en tête, s'assit sur ce trône et, regardant l'officier qui n'avait pas bougé : « Tu m'as appelé, lui dit-il ; sais-tu qui je suis ? — Je sais, dit l'officier, que tu es le roi des mauvais esprits ; mais ce n'est pas la question : règnerai-je ? — Tu auras, dit l'esprit, de rudes traverses et une vie agitée... — Je ne te demande pas cela : règnerai-je ? — Oui, » dit le démon ; et il dis-

parut, avec son trône et ses esclaves, dans une
vapeur épaisse. Kassa retourna, soucieux, vers
ses hommes qui avaient assisté de loin à cette
scène...

Cette légende, d'un cachet si oriental, est
chez les Abyssins le point de départ de l'histoire
politique de leur maître actuel : je citerai en
son lieu un chant satirique qui y fait une allusion curieuse. Pour mes lecteurs européens, je
dois rentrer dans le style moins pittoresque et
plus précis de la biographie.

Kassa Kuaranya, aujourd'hui Théodore II,
est né, vers 1818, à Cherglié, lieu principal de
la province montagneuse de Kuara, gouvernée
par son père et son oncle, les *dedjaz* Haïlo Mariam et Konfou. Haïlo était d'une origine fort
distinguée : quant à la mère de Kassa, une
rumeur fort douteuse, accréditée par la vanité
de son fils depuis qu'il est sur le trône, tendrait
à la faire descendre de la famille impériale légitime, celle que l'histoire indigène fait descendre
de Salomon par Menilek, fils de la belle Makada,
reine de Saba. L'histoire n'a rien conservé de
particulier sur Haïlo : Konfou, au contraire,
était le chef le plus brillant de ces frontières
occidentales d'Abyssinie, ouvertes aux incur-
sions égyptiennes. C'est lui qui enleva aux Mu-

sulmans la province de Gallabat, et tailla en pièces, en 1838, à la bataille d'Abou-Qalambo (le père du crabe), les réguliers égyptiens de Méhémet-Ali. Les poëtes indigènes ont célébré cette bataille dans un chant qui commence ainsi :

Le sabre de Konfou était noir, et voilà qu'il a pris la couleur des bonnets (rouges) des Turcs...

Aussi, quand il mourut, sa sœur composa un chant funéraire qui est encore populaire dans toute l'Abyssinie :

Ye tallako amora kenfou (1) tessabara...
Elles sont brisées, les ailes du grand aigle
Qui planait de Metamma à Sennaar...

Sur ces entrefaites, Hailo mourut. D'avides collatéraux mirent la main sur son héritage : la veuve dépouillée et sans appui se vit réduite à vendre du kousso dans les rues de Gondar, et le jeune Kassa fut envoyé au couvent de Tchankar, près du lac Trana, avec la perspective d'être un jour un des trop nombreux lettrés ou *debteras* d'Abyssinie. Cet asile faillit lui être funeste : dedjaz Maro, un des grands vassaux qui se disputaient l'empire, tomba après une défaite sur

______

(1) Il y a un jeu de mots sur *kenfou* (ailes) et *konfou*, nom du héros. Le goût arabe en ce genre s'est transmis aux Abyssins.

Tchankar, l'inonda de sang et se vengea lâchement sur des enfants de l'humiliation qu'il avait subie de leurs parents. Kassa échappa au massacre et se sauva de nuit chez son oncle.

Les trois fils du *grand aigle* ne surent, leur père mort, que se disputer son héritage à coups de lance, jusqu'à l'arrivée du puissant dedjaz Gochou, prince du Godjam qui les mit d'accord en conquérant la province pour son propre compte. Kassa, qui avait pris parti pour Gared, l'aîné de ses cousins, se sauva dans le pays sauvage et reculé de Sarago, chez un paysan charitable qui lui donna l'hospitalité pendant plus d'un mois. Au sortir de sa retraite, nous le voyons à la tête d'une bande de 70 routiers, coupant la route de Gallabat en compagnie d'un autre bandit inférieur, nommé Derar. Le jeune Kassa se montrait déjà supérieur aux aventuriers vulgaires parmi lesquels il vivait, et une tentative qu'il fit pour établir parmi eux une certaine discipline, fit naître une conspiration : elle s'ébruita je ne sais comment, et le jeune chef, suivi de quelques fidèles, donna une leçon sanglante aux conspirateurs.

Ennuyé de cette existence peu digne de lui, et fortifié par l'adjonction de quelques-unes de ces bandes dont la guerre civile avait rempli l'Abyssinie, Kassa songea à se créer une situation politique, et résolut de disputer la province de Dembea à Menène dont j'ai déjà parlé.

Menène était une figure dans l'histoire contemporaine de l'Afrique. Fille d'un grand seigneur musulman du pays Galla, elle avait épousé par ambition le négus régnant, et ne lui avait pas été, paraît-il, plus fidèle que ne sont en général les grandes dames abyssines. Elle commandait elle-même les troupes, gouvernait avec vigueur son fief du Dembea, n'était pas trop impopulaire; car, bien que très-orgueilleuse, elle était inaccessible à la cruauté. Ce qui semble lui avoir beaucoup pesé, c'est la pensée qu'elle et son fils Ras Ali n'étaient que des parvenus au milieu de l'Abyssinie royaliste, formaliste et chrétienne. Elle s'entourait beaucoup de prêtres et de lettrés, et Ras-Ali fondait et dotait force églises, mais on ne croyait guère à leur orthodoxie, et cela contribua beaucoup à leur nuire. Pour expliquer les actes de vandalisme gratuit qu'elle exerçait contre le palais de Gondar et qui ont fait d'une partie de ce monument une imposante ruine, elle disait : « Nous qui n'avons pas le temps de laisser, comme les anciens négus, des signes de notre puissance, nous ne devons point laisser subsister ceux qu'ont élevés les autres et qui prêtent aux railleries contre nous. » Avertie de la levée de boucliers du fils de Haïlo, Menène prit d'abord fort légèrement la chose, et envoya contre Kassa une petite armée qui se débanda au premier choc. Menène, prise à l'improviste, ne trouva rien de mieux à faire que d'offrir au vainqueur la province de Dembea, sous sa suzeraineté, et la main de sa petite fille Tzoobèdje. Kassa accepta, et dut à cette brillante union de longues années de bonheur intime qu'il a souvent regrettées depuis.

Il était alors très-jeune, aventureux et fanatique. Il ne suivit donc que sa pente naturelle en entreprenant une campagne contre les Égyptiens, qui, à la faveur des troubles du Kouara, avaient repris le Gallabat. Il fit une première razzia contre Metamma, où se tient un marché hebdomadaire très-fréquenté, attaqua la place un jour de marché, et se retira gorgé de butin. Cet heureux coup de main attira autour de lui tous les jeunes vagabonds de Gondar qui pouvaient tenir une lance et un bouclier ; et, suivi de cette foule plus embarrassante qu'utile, il vint se heurter au bord de la rivière Rahad, à deux compagnies de bonne infanterie égyptienne, bien retranchées dans une *zériba* ou enclos d'épines, et commandées par un certain Saleh bey, gros officier assez nul, qui eut le bon sens de s'effacer derrière un simple capitaine nommé Elias Effendi, expérimenté et modeste, et qui sauva tout.

Les Abyssins arrivèrent comme un tourbillon ; mais ils furent arrêtés net par la haie, et durent mettre pied à terre et essayer d'enlever les épines, pendant que le feu des Egyptiens les balayait à bout portant. A cette fusillade, se joignait le feu de deux pièces de campagne, d'autant plus redoutées des Abyssins qu'ils ne connaissent guère le canon. Cependant, leur solidité sous ces décharges d'une régularité meurtrière, leurs cris de guerre, ébranlaient un peu les soldats turcs qui eussent volontiers molli sans l'exemple de leurs officiers. Kassa, de sa tente ouverte, assistait à cette boucherie, quand un boulet turc vint briser l'épaule d'un de ses parents à ses côtés, couper le poteau de sa tente qui tomba sur lui et le coiffa, et en ricochant, tuer, dans une tente voisine, une jolie abyssinienne, favorite du volage époux de Tzoobèdj. Kassa, fit alors cesser ce massacre inutile et se retira, abandonnant des centaines de morts sur la place, et laissant l'ennemi émerveillé de la féroce bravoure de ces sauvages soldats. « Ils venaient à la bouche de nos canons », m'a conté plus tard Saleh Bey, « comme les moustiques à la bougie. »

Humilié, blessé lui-même d'une balle, Kassa fit en quelques heures une marche de quatre jours, et rencontra vers Vohni un Lazariste italien, le **P. Biancheri**, en quête de prosélytes. Dans le désordre de son esprit, il lui adressa cette question à brûle-pourpoint : « Êtes-vous ami ou ennemi de mon père l'Abouna? — **Je suis l'ami de tous les chrétiens** », répondit évasivement le prêtre. Alors Kassa lui avoua son désastre et lui dit : Ces Turcs ne sont pas plus braves que nous, mais ils ont la discipline des *Francs*. Vous qui êtes *Franc*, voulez-vous l'enseigner à mes hommes? — Je ne suis pas soldat, répondit **M.** Biancheri embarrassé, je ne suis qu'un pauvre voyageur pour Jésus-Christ. » Et là-dessus ils se quittèrent.

Rentré chez lui, Kassa fit venir un de ces *azmari* ou histrions, qui exercent la médecine en Abyssinie, pour extraire la balle logée dans sa blessure. L'azmari refusa de rien tenter avant d'avoir eu une vache grasse et un *gambo* d'hydromel. Le patient s'empressa de les demander à Ménène ; mais la vindicative princesse, ravie de la déconvenue de son redoutable vassal, lui envoya seulement un quartier de bœuf, en ajoutant qu'une vache entière était un trop beau présent pour un homme comme lui.

Kassa dissimula sa fureur, mais à peine sa blessure fut-elle guérie, qu'il remonta à cheval, et, suivi de ses fidèles, il prit la route de Gondar. Les troupes de Ménène, qui essayèrent de l'arrêter à Tchako, furent complétement battues, et parmi les prisonniers se trouva Dedjaz Ounderad, chef arrogant, qui avait promis d'amener à Ménène, mort ou vif, le fils de la marchande de kousso.

Le jour qui précéda la bataille, le dernier réunit dans un banquet ses principaux officiers, et, selon l'usage, les chefs, excités par les fumées du tedj, enchérissaient les uns sur les autres en louanges à eux-mêmes et en termes de mépris pour les ennemis. Aussi, furent-ils fort surpris de voir Kassa se jeter la face contre terre, et d'une voix extatique : « Sois béni, Seigneur, d'avoir manifesté ta bonté à un pauvre pécheur comme moi ! La puissance et la gloire sont à toi seul à jamais. » Ce masque mystique, que le Cromwell africain a porté toute sa vie, était alors parfaitement sincère : je n'oserais jurer qu'il en est de même aujourd'hui

Au banquet qui fut donné, suivant l'usage,
le soir de la bataille, les chefs prisonniers se
trouvèrent invités. Parmi eux, se trouvait Ounderad, qui était loin, on le comprendra, d'être
rassuré sur les suites de ce banquet, surtout
quand il se trouva assis devant une table nue,
et qu'on lui mit en main un bérillé (1) rempli
d'une liqueur noirâtre, tandis que les officiers
de Kassa mangeaient avec un appétit bruyant
et puisaient la gaieté dans des flacons d'excellent hydromel. Kassa, qui présidait à la fête,
se tourna vers les vaincus, et leur dit avec cour
toisie : « Mes amis, je ne suis, comme vous
l'avez dit, que le fils d'une pauvre marchande
de kousso, et cela me fait souvenir que ma
mère n'a rien vendu encore aujourd'hui : j'ai
pensé que vous ne me refuseriez pas de faire
honneur à sa marchandise, et si elle n'est pas
plus appétissante, recevez-en mes excuses. »
Et il les obligea, tout tremblants et heureux d'en
être quittes à si bon compte, à boire à pleins
flacons l'abominable purgatif.

Cette affaire fut suivie de la prise de Ménène
elle-même, incident que nous avons déjà raconté. Ras Ali, qui assiégeait alors au cœur de

(1) Flacon abyssin de forme antique.

l'hiver la montagne qui servait de forteresse à Oubié, quitta le siége et vint lui-même demander au jeune vainqueur la paix qu'il avait refusée à Menène et aux instances d'un diplomate très-retors que nous retrouverons plus tard, Amara Konfou. Kassa garda Gondar, relâcha Menène, et, selon l'usage national, donna sa mère comme garantie de sa bonne foi.

Kassa était alors dans une situation de rebelle qu'il ne pouvait soutenir qu'à force d'audace. Il eut celle de réclamer le tribut, en sa qualité de maître de la capitale et de *ras* (connétable) en fait, au puissant prince Gocho, dedjaz et presque roi de tout le pays qu'entoure le fleuve Abaï dans sa vaste spirale supérieure. Gocho, brave, libéral, ami des Européens, était le type le plus accompli du *mokonnen*, du gentilhomme abyssin avec aussi peu de prévoyance et d'esprit de suite que tous ses pairs. Abasourdi de cette insolence, puis exaspéré, il réunit une bonne armée, demanda à Ras Ali, ravi de cet incident, l'investiture des conquêtes qu'il allait faire, arriva sur le Dembea, balaya sans peine la petite armée de Kassa qui se sauva dans les basses terres (kolla) de sa province natale, où il vécut toute une année de racines et de fruits sauvages, pendant que le vainqueur s'installait à Gondar (1852). Ce qui lui fut le plus sensible, ce fut d'apprendre que Gocho avait trouvé et vidé des silos que lui Kassa avait remplis de de sa denrée favorite, le *chimbera* ou pois d'Abyssinie.

Mais déjà, en octobre suivant, il avait repris la campagne à la tête d'une petite armée qu'il avait disciplinée au moyen de fusiliers égyptiens prisonniers ou déserteurs à la suite de la campagne de Gallabat. Il vint hardiment présenter la bataille à la puissante armée de Gocho, près Djenda, à la pointe nord-ouest du lac Tana, et fut culbuté à la première charge. Les hommes furent pris ou foulés aux pieds de la cavalerie : lui-même se sauva avec une quinzaine de fidèles dans un champ de maïs où il les embusqua, juste au moment où Gocho arrivait sur lui au galop et criait aux siens dans l'emportement de la victoire : « Prenez-moi ce *kollenya* (ce vagabond des basses-terres) ! »

Il avait à peine parlé qu'une balle lancée par une main sûre, celle de Kassa lui-même, lui brisait le front et le couchait mort. Le vainqueur se précipitant vers lui, lui arracha sa *kamis* sanglante, et l'élevant aux yeux de ses cavaliers terrifiés : « Votre maître est mort, leur dit-il : que comptez-vous faire ? »

2.

Le sort de la bataille était fixé, comme il arrive toujours en Orient quand un des deux généraux est tué ou pris. Une partie des gens de Gocho se firent tuer en combattant et ne réussirent qu'à illustrer leur désastre : la plupart des autres se rendirent. La perte des deux armées fut, dit-on, de 4,000 morts, chiffre que je crois exagéré; mais un affreux malheur marqua la fin du combat. Le feu prit, fortuitement ou non, au blé mur qui couvrait la plaine, et des centaines de blessés furent étouffés ou brûlés vifs dans l'incendie. Cette journée décisive s'appela la bataille de Gorgora.

Après cette affaire, Ras Ali vit que sa complicité avec Gocho était démasquée et qu'il était perdu. Un peu de vigueur pouvait le sauver encore : mais il était naturellement indolent, et commençait à se laisser gagner à cette satiété qui saisit souvent les grands joueurs de la politique, et se traduit par ce mot : « Cela en vaut-il la peine? » Il se contente d'envoyer contre Kassa le meilleur de ses généraux, Aligaz Faras, renforcé d'auxiliaires qu'Oubié, déjà inquiet pour lui-même, s'était décidé à lui envoyer sous les ordres des deux *fit-aurari* (généraux d'avant-garde) Ouelda Giorgis, son oncle, et Eugedda Ouerki. Le sort leur fut aussi contraire qu'à Gocho : ils furent complétement battus et Faras fut tué, perte irréparable pour son maître. Faras, au témoignage de ceux qui l'ont connu, était un homme éminent, et qui, sans la catastrophe qui l'accabla, était peut-être appelé à jouer en Abyssinie un rôle aussi important que celui qui échut à son vainqueur.

Vers la même date, Kassa reçut à Gondar la visite d'un voyageur français fort connu, Rochet (d'Héricourt), qui parcourait l'Abyssinie dans un but commercial. Il avait apporté une cargaison de fusils qu'il avait vendus en grande partie à Ras Ali, son ami et son protecteur. Par une imprudence assez difficile à comprendre, il était venu de Debra Tabor, résidence du Ras, à Gondar, où demeurait l'ennemi personnel d'Ali : ses premiers rapports avec Kassa avaient été rassurants, et lui avaient inspiré une confiance inopportune. Il lui restait encore une dizaine de fusils : Kassa le pria de les lui vendre, promettant de les bien payer. Rochet reçut fort mal cette ouverture, déclara qu'il était l'ami de Ras Ali, et qu'il n'avait aucun service à rendre à un *chefta* (rebelle). L'officier à qui fut faite cette réponse se leva, souffleta Rochet, le fit mettre aux fers et l'amena devant Kassa : notre compatriote montra en cette circonstance moins de résolution que d'habitude, et fondit en larmes. Kassa le fit jeter dans une basse-fosse pleine de mouches, supplice atroce et ridicule qui dura deux jours : la seconde nuit, il parvint à s'échapper et se sauva près de son ami Ras Ali. Celui-ci était, on le comprend aisément, dans l'impossibilité absolue de venger un outrage que Rochet, il faut l'avouer, avait provoqué en grande partie.

Ras Ali se décida enfin à marcher ; et envahit le Dembea. On se trouva en présence à Aichal. L'armée de Ras Ali était la plus belle, mais la confiance lui manquait : le chef d'ailleurs, assez brave de sa personne, mais entouré de lettrés et d'astrologues, était médiocrement estimé de ses troupes malgré ses qualités sympathiques. Quand la charge fut sonnée, les soldats dirent ironiquement : « Que les *debteras* (lettrés) pas sent au premier rang ! » Ils firent cependant leur devoir, ainsi que Ras Ali : mais Kassa avait dit à ses fusiliers : « tirez sur les pourpoints de soie ! » c'est-à-dire sur le groupe doré d'officiers qui entourait le Ras. Aussi l'état-major se dispersa aux premières décharges, et la déroute fut complète. Kassa poursuivit le vaincu jusqu'au delà du Nil Bleu, força le passage du *pont portugais* défendu par Dedjaz Bechir, et remporta sur

Ras Ali une seconde victoire, cette fois défini-
tive. « C'est Dieu qui me frappe, dit le Ras avec
résignation, et non Kassa. » Il se réfugia dans
le *ghedem* où lieu d'asile de Mahdera Mariam,
et de là gagna la province montagneuse du
Lasta, qui était son pays natal, renonçant, provisoirement du moins, à la lutte et au pouvoir.

Le pays au delà du Nil n'en était pas pour
cela plus soumis; il tenait encore en armes
sous Beurrou Gocho, fils de Gocho, jeune paladin brave, chevaleresque, hautain, fanatique et
violent, vrai type du vieil abyssin des temps
barbares. Dans la dernière lutte de Ras Ali,
Beurrou lui avait offert de venir combattre à ses
côtés contre le meurtrier de son père; mais à
un conseil de guerre qui fut tenu chez le Ras,
quelques chefs froissés de l'orgueil de Beurrou,
s'écrièrent : « Est-ce qu'il se croit l'homme indispensable ? N'y a-t-il pas d'autres braves que
lui? » Ras Ali eut la faiblesse de les écouter et
déclina une offre qui l'eût peut-être sauvé. En
effet, une grande partie du prestige de Kassa
tenait à sa bravoure personnelle, et c'est un
avantage que pouvait lui disputer Beurrou. Celui-ci, irrité, se retira sur son rocher inaccessible (amba) de Dj ibela, et attendit l'attaque qu

n'était pas difficile à prévoir pour qui connaissait le nouveau vainqueur.

« Celui-ci, en effet, ne tarda pas à se montrer. Beurrou, obéissant à une inconcevable défaillance, quitte l'*amba* dont il laissa la garde à sa femme et descendit dans la plaine pour commencer une guerre de chicane dont Kassa, avec raison, ne s'inquiéta pas un moment. Il cerna l'*amba* et fit amener au pied de la forteresse le frère de l'amazone, en avertissant celle-ci que la vie de ce frère dépendrait de sa soumission. Kassa connaissait parfaitement les idées de son pays, et savait que les affections conjugales y pâlissent fort devant les liens du sang : la dame en effet, rendit Djibela en stipulant pour toute condition qu'elle ne serait pas rendue à Beurrou et ne le reverrait de sa vie. Le fils de Gocho perdit du même coup sa femme et sa ville, et ce ne fut pas la première qu'il regretta le plus.

Après avoir saccagé Djibela et le pays environnant, Kassa se met à la poursuite de son ennemi, l'atteint et lui présente la bataille. Mais les soldats de Beurrou posent les armes et leur chef découragé en fait autant. Ici se place une scène bizarre et chevaleresque, qu'on pourrait croire copiée de celle du roi Jean et du Prince Noir, si Kassa avait été un érudit. Il invita Beurrou à souper avec lui, le traitant avec une courtoisie respectueuse, l'appelant *mon seigneur* (ieneta) lui offrant à boire de ses propres mains. Le rêve fut court et le réveil brusque : à la fin du repas, Beurrou fut mis aux fers et envoyé à la prison d'Etat de Sar-Amba (1854).

Toute l'Abyssinie centrale était conquise. Il ne restait plus debout, en face de l'heureux fils de Haïlo, que le vieil Oubié dans sa vice-royauté du Tigré, et c'était mal connaître Kassa que de supposer qu'il s'arrêterait à mi-chemin. Songeait-il déjà, dès cette époque, à cette mission divine qu'il s'est attribué plus tard et qui a été le mobile de tous ses actes pendant les plus belles années de son règne ? je ne sais : mais en tout cas il n'en parlait encore à personne.

Avec le rusé Oubié, la lutte allait entrer dans une voie de négociations et de perfidies diplomatiques pour l'intelligence desquelles il faut reprendre notre récit de plus loin et de plus haut.

Si l'on a lu avec quelque attention les premières pages de ce livre, on comprendra aisément pourquoi, en Abyssinie comme dans tout l'Orient et plus encore que partout ailleurs, les questions religieuses dominent presque toujours les complications politiques. L'invasion de l'Egypte par les musulmans en faisant de l'Eglise d'Alexandrie (dont celle d'Abyssinie relevait hiérarchiquement) cette église opprimée, dépravée et barbare qui deshonore le nom chrétien en Egypte, eut l'influence la plus désastreuse sur le Haut-Nil. Le clergé abyssin, relativement moral, instruit, désireux d'études théologiques et qui aurait inventé la scolastique, si elle n'avait pas existé, se trouva subordonné à des moines ignorants et hautains, sortis de ces tristes couvents coptes où, il y a encore cinquante ans, on fabriquait des eunuques pour les harems musulmans, et tout fiers d'être pour la première fois de leur vie à l'abri du bâton des mamelucks. Les Principautés danubien-

nes ont eu pendant cent-cinquante ans leurs
Phanariotes politiques : l'Abyssinie eut, douze
siècles durant, ses Phanariotes religieux, tout
aussi dangereux pour le moins, car ils stérilisè-
rent complétement le progrès intellectuel qui
était encore possible sur les bords du Nil, notam-
ment dans la théologie, le droit, l'histoire nationale. Leur infériorité intellectuelle et morale,
en leur enlevant tout crédit dans les matières
qui touchaient au dogme, amena nécessairement l'anarchie dans l'interprétation de la foi et
surtout dans la liturgie. Une question fort subtile, dite *des trois naissances du Christ* et dont
je parlerai plus loin, avait failli amener une véritable guerre civile entre le Tigré et les provinces du centre. L'abouna Kirlos (Cyrille) était
mort après avoir excommunié une partie de son
clergé qui le lui avait bien rendu. Il y eut dix
ans d'interrègne et de confusion théologique,
que la propagande européenne, catholique et
protestante, crut opportune pour tenter la conversion d'un peuple si bien préparé aux discus-
sions religieuses.

Le protestantisme avait pris les devants, vers
1830, et envoyé à Gondar le rév. Samuel Gobat,
missionnaire suisse, appelé depuis à une plus
haute position. Il me coûte de parler sévère-

ment d'un homme dont les bonnes intentions, et la moralité personnelle sont à l'abri de tout soupçon : mais jamais voyageur n'a vu l'Abyssinie à travers une cécité plus opaque que M. Gobat. Il était dévoué et capable, mais vaniteux, crédule et ingénu, c'est-à-dire l'homme le moins apte à agir sur l'esprit du peuple le plus fourbe et le plus *byzantin* qui soit en Orient. Il parcourut trois ans le pays, prêchant, discutant avec les debteras et les prêtres amharas qui, pour quelques verres de tedj lui faisaient toutes les concessions possibles et l'accablaient d'éloges hyperboliques qu'il enregistrait dans son journal avec une ingénuité incroyable (1). Il quitta le pays persuadé qu'il avait semé dans un excellent terrain, et la propagande émerveillée envoya au Tigré des Frères Moraves qui étaient, comme le sont généralement les missionnaires, des gens personnellement honorables, mais des sectaires maladroits qui crurent faire de l'audace apostolique en déclarant une guerre brutale et grossière à toutes les traditions

(1) There never came a man into Abyssinia like Samuel, who proves every thing he says by the Word of God... The english are certain in all parts of their religion, etc., page 190. — A la page 256, je trouve un aveu sincère et le plus vrai du livre : No other immediate result than this :—*Perdidi annum.*

bonnes ou mauvaises de culte abyssin. Ainsi,
un jour d'abstinence solennelle, ils tuèrent une
vache dont ils distribuèrent gratuitement la
chair à tout venant, regardant comme un grand
triomphe d'avoir amené quelques pauvres gens
à sacrifier à leur gourmandise leurs scrupules de
conscience. Leurs violences de langage à l'endroit du culte de la Vierge et des saints et surtout
un propos cynique sur la Vierge, dont on voudrait douter s'il n'était pas affirmé par nombre
de gens dignes de foi, les rendirent odieux aux
Tigréens, et Oubié, champion officiel du culte
national, fit une chose agréable à l'opinion en les
expulsant d'Abyssinie.

La propagande de Rome n'avait pas attendu ce
dernier moment pour tenter une mission en Abyssinie. Dès 1838, elle y avait lancé un capucin, le
P. S.., homme jovial, souple, hardi, instruit d'ailleurs et capable de lutter d'arguties avec les plus
quintessenciés. Mais la mission ne fut constituée
que vers 1840, à l'arrivée de l'évêque catholique romain d'Abyssinie, Mgr de Jacobis, d'une
famille patricienne de Naples, l'un des hommes les
plus éminents de nos missions contemporaines.

M. de Jacobis, dont j'aurai plus tard à blâmer l'ingérence impolitique et intempérante
dans les affaires civiles d'Abyssinie, était un de

ces hommes dont les actes sont discutables, mais dont le caractère impose à la fois la sympathie et le respect. Je ne serais pas surpris qu'avant d'être prêtre il n'eût porté l'épée ; il mettait au service de ses idées absolues une ardeur, une passion et une persistance incroyables ; avec cela, une charité et une tolérance non moins absolues. En quelques années d'apostolat, il avait conquis un ascendant illimité sur toutes les populations chrétiennes et musulmanes de ces contrées. Le redoutable Oubié ne passait jamais devant la maison de l'*abouna Yacoub* (c'était le nom africain de M. de Jacobis), sans descendre de sa mule. Les musulmans, eux-mêmes, subissaient cet ascendant ; aujourd'hui encore, il ne l'appellent que *Kedous Yacoub* (Jacob le saint). Le vieux cheikh d'Embirami, chef de l'islamisme dans cette zône, et vénéré presque à l'égal du prophète, disait à ses *tolbo* qui lui reprochaient d'aller à pied à Massaoua : « Comment ! vous voulez que je monte à mule pour faire quatre heures de chemin, quand abouna Yacoub, qui est plus près de Dieu que moi, qui a été élevé dans la richesse et qui l'a sacrifiée dans l'intérêt de sa foi, fait à pied les cinq journées de Massaoua à Keren ? »

Ce vrai grand homme n'eut qu'un défaut,

celui de se fier médiocrement, lui missionnaire, à l'efficacité de la simple propagande, et à tout attendre d'une révolution civile. Cette manière de voir, il est vrai, ne manquait pas d'une certaine logique. La séparation entre l'église romaine et l'Abyssinie était si vague et si faible, qu'elle ne tenait guère qu'à une question de personnes : à l'avénement, par exemple, d'un prélat romain au siége suprême de Gondar. La part qu'avait le pouvoir civil dans le choix des abounas était fort grande, et M. de Jacobis pouvait espérer qu'une révolution politique, portant au pouvoir un prince selon son cœur, amènerait logiquement la crise religieuse qu'il désirait. Nous verrons les conséquences regrettables de cette tactique, qu'on ne peut reprocher bien sévèrement à M. de Jacobis, car elle abreuva d'amertume ses derniers jours et ne abrégea la durée.

M. de Jacobis débuta en Abyssinie par une faute grave : il fit de l'habileté et tourna des situations qu'il eût peut-être été plus digne de trancher. Le siége patriarcal était vacant. Oubié, qui songeait alors à se faire couronner négus, annonça qu'il allait faire les frais d'une ambassade chargée d'aller demander à Alexandrie le nouvel *abouna*. Mais il était lui-même en mauvais termes avec l'Egypte et ne savait qui envoyer avec quelque sécurité. Il s'ouvrit alors à M. de Jacobis et lui fit l'étrange proposition d'aller lui-même, — lui, nommé abouna par Rome. — chercher et amener son rival. M. de Jacobis accepta sans hésiter. Il s'était dit que, quelque parti qu'il prît, *l'abouna* n'en arriverait pas moins, et qu'il valait mieux avoir sa sympathie, sa neutralité au moins, que son inimitié. On verra plus loin s'il avait été bien inspiré en obtenant et en escortant jusqu'au Tigré *l'abouna* Salama, jeune copte natif de Minié.

Salama, patriarche actuel d'Ethiopie, est un des spécimens les plus dégradés de ce rit copte que nous avons défini plus haut. Orgueilleux, violent, avide, brouillon, il partage son temps entre l'usure, l'intrigue politique, le commerce, et quel commerce! Il fait la traite des esclaves, vole les vases sacrés des pauvres églises, et les expédie par ballots en Egypte. Un de ces envois fut saisi et sequestré il y a neuf ans à Djedda par notre consul, M. Rochet (d'Héricourt). Ses mœurs sont si décriées, qu'un jour son confesseur, le P. Joseph, révéla en pleine place publique à Gondar sa dernière confession et apprit aux fidèles que le patriarche avait neuf maîtresses, dont deux nonnes : un autre soir, il eut le visage tout ensanglanté par les mains d'un petit garçon galla qu'il avait entrepris un peu imprudemment. Son ignorance est proverbiale, et les *memhirs* (professeurs de théologie) qui le méprisent comme homme, mais qui tremblent devant sa croix pastorale, viennent malicieusement lui soumettre des questions insolubles pour lui, et dont il se tire en excommuniant les questionneurs. Avant la bataille de Devra Tabor, il avait repoussé les ouvertures pacifiques de Ras Ali et promis de faire verser du plomb fondu dans la bouche de tous les prisonniers. Ce fut lui qui fut pris, et Ras Ali eut la générosité méritoire de ne pas le faire pendre. Depuis que Théodore II règne, Salama a dix fois conspiré contre lui : on verra plus tard ce qu'il y a gagné. Sa foi religieuse est très-douteuse : la plupart le croient protestant, parce qu'il était au Caire élève de l'école protestante de M. Lieder, et que le consulat britannique du Caire n'a pas été étranger à sa désignation. Cet homme, qui ne croit qu'à l'argent et au plaisir grossier, est le promoteur le plus fanatique des persécutions religieuses : on ne le verra que trop plus loin. Après avoir essayé de lutter d'influence morale à Gondar avec la mission catholique, il recourut à Oubié pour la faire expulser. Oubié, qui n'était persécuteur qu'à contre-cœur, permit à M. de Jacobis de prendre une forte position sur la frontière, dans les villages catholiques de Halaï, Alitiena, et la province de Zenadeglé, et évita d'ailleurs toute violence.

Revenons aux affaires civiles. En 1854, Kassa envoie sommer Oubié de lui payer tribut et de lui envoyer *l'abouna*. C'étaient deux signes de soumission qu'un homme aussi puissant qu'Oubié ne pouvait accorder du premier coup. Il y avait vingt-deux ans qu'il exerçait l'autorité royale dans un pays grand comme le royaume actuel de Pologne, et qu'il commandait à ces Tigréens, qui se regardent avec raison comme la branche aînée du pleuple Abyssin, les populations du centre et du sud, les Amharas, n'étant à leurs yeux que des barbares belliqueux qui avaient réussi. Leur réussite, je dois le constater en passant, a beaucoup tenu à leur esprit plus solide et plus mûr que celui des Tigréens : ceux-ci, spirituels, aimables, insouciants, anarchiques, sont en quelque sorte les Irlandais des bords du Nil.

Le vieux renard qui avait conquis le Tigré à l'aide de ces montagnards amharas du Semen, se trouvait à son tour en face d'un amhara plus jeune, plus entraînant que lui, et qui (chose capitale) croyait à « son étoile. » Oubié biaisa, il envoya à Kassa de l'argent; plus, comme négociateur, son fils Goangoul et son général *Balatta* Kokobié. On signa un traité provisoire et durant les pourparlers, Kassa n'eût pas de peine à deviner dans le *balatta* un de ces hommes « habiles » qui pullulent autour des trônes croulants, une sorte de Philippe de Comines désireux de sauver son avenir par une bonne trahison : seulement ici c'était Charles le Téméraire qui avait toutes les chances pour lui. Ils complotèrent ensemble l'acte de perfidie qui s'accomplit quelques semaines plus tard. Puis, sur ces entrefaites, l'abouna vint à Gondar : Kassa n'attendait que ce moment pour prendre une attitude. Il posa sa candidature au trône des négus, appela à Gondar les députés de la noblesse armée, des églises, des villes et des villages, sous la présidence de l'abouna, pour se prononcer entre Oubié et lui ; il n'était pas même question du pauvre *hatzé* Ioannès, l'empereur nominal caché au fond du vieux palais délabré de ses pères.

Les chances de ce *Champ de Mai* entre Kassa et Oubié étaient assez inégales. Le premier avait pour lui le prestige de la jeunesse, de la victoire, de la parole : trois choses puissantes partout, irrésistibles dans la chevaleresque et parleuse Abyssinie. Il est vrai qu'on avait le droit de se défier de l'aptitude de ce sabreur aux arts de la paix, tandis qu'Oubié avait assuré au Tigré vingt années de calme sous un gouvernement dur, rapace, mais régulier et protecteur du paysan et du marchand. La balance fut un moment aux mains de l'abouna, et il était aisé de voir qu'il la ferait pencher, non vers un jeune parvenu qu'il commençait à craindre, mais vers Oubié qu'il avait toujours dominé.

Dans cette conjoncture, on apprit l'arrivée à Gondar de M. de Jacobis, que sa mésaventure avec l'abouna n'avait pas corrigé de sa tendance à faire intervenir les manœuvres politiques dans les choses de religion. Cette fois, cependant, il put entrevoir un instant la réalisation de ses espérances les plus audacieuses. Kassa jugea nettement la situation et agit en conséquence ; il se rapprocha de l'évêque italien, et lui promit s'il était élu, de le reconnaître comme *abouna* de l'église d'Abyssinie. Kassa était trop attaché au rit national pour être de bonne foi dans cette avance ; mais M. de Jacobis pouvait s'y tromper, et ce plan n'avait rien d'invraisemblable, car, au point de vue de la constitution de l'église abyssine, l'évêque romain était au moins aussi légal que l'évêque alexandrin. Salama alarmé commença par faire excommunier Kassa et tous ses adhérents, qui s'en alarmèrent. « Ce n'est rien, disait froidement le *kuaranya* : abouna Yakob a les pouvoirs suffisants pour nous relever de l'excommunication de ce Copte. » Et pour prouver qu'il ne tenait pas à faire de la pression sur l'assemblée, il quitta Gondar et fit une promenade militaire dans le Semen, qui appartenait à Oubié.

Salama profite de ce moment pour faire ses réflexions. Il savait que Kassa était avant tout un ambitieux qui ne reculerait pas devant des bouleversements religieux pour arriver au trône, et qui, à plus forte raison, serait un appui fidèle pour un évêque italien qui lui aurait valu un trône ; il ne se faisait illusion, ni sur la vénération inspirée au peuple abyssin par les vertus de M. de Jacobis, ni sur le mépris profond où il était lui-même tombé : il n'avait d'espoir que dans le pouvoir militaire, il fallait donc s'en assurer le concours. Il prit son parti comme Kassa, nettement et sur l'heure ; il lui envoya promettre d'assurer son élection, à condition que son premier acte comme négus, serait l'expulsion de M. de Jacobis et de ses coadjuteurs. Le pacte fut conclu. Quelques jours après l'assemblée de Gondar proclamait dedjaz Kassa « negus nagast za' Aithiopiya » roi des rois d'Ethiopie, et M. de Jacobis était conduit sous escorte à la frontière par Metamma, d'ailleurs avec tous les égards dus à sa personne et à son caractère.

Vendu et mystifié, Oubié, comme on devait s'y attendre, n'accepta pas sa défaite et en appela à l'épée. Il lui restait une armée fidèle, commandée par son fils Chetou, qu'il n'aimait pas et qu'il humiliait chaque fois qu'il le pouvait, probablement parce qu'il voyait en lui une sorte de Pyrrhus dont les caprices belliqueux compromettraient l'avenir de son œuvre. Chetou avait formé deux escadrons d'élite dont l'un portait le *lemde* (1) blanc, l'autre le noir, et qui avaient conquis au feu une réputation qu'ils tenaient à soutenir. Militairement, Oubié restait toujours aussi fort que Kassa; mais outre que celui-ci avait pour lui ce courant des événements qui, en politique, porte un homme au pouvoir irrésistible et presque sans effort, Oubié n'avait, pendant plus de vingt ans de règne, déployé aucune de ces qualités qui

(1) Sorte d'écharpe en peau de mouton.

assurent à un prince, dans un temps de crise, des dévouements affectueux ou enthousiastes. Il avait semé la duplicité, le parjure, la terreur vulgaire et sans grandeur; il allait récolter la désertion et la trahison cynique.

Il rentra au Semen, et le nouveau roi le suivit de très-près. Kassa arriva après une marche fatigante, en vue de la plaine de Dereskié où se développaient sur une longue étendue les lignes de l'armée tigréenne. Il ordonna immédiatement l'attaque. L'armée répondit par un murmure général de mécontentement, et Kassa se troubla un instant; mais le moment était critique, et toute hésitation pouvait compromettre une victoire qui lui semblait assurée. Il se mit à parcourir le front de l'armée, la harangua en paroles brèves et énergiques, lui rappela les victoires passés, parla de l'ennemi avec dédain : « Est-ce ce vieillard tout perclus, dit-il, qui vous barrera le chemin? Craignez-vous ces fusils chargés de poudre et de haillons ? Ces rochers et ces précipices arrêtent-ils votre courage? Suivez-moi, et si Dieu le permet, ce n'est pas Kassa que je m'appellerai demain! »

La première charge des Amharas fut vigoureusement reçue par les fusiliers d'Oubié, qui firent de larges brèches dans leurs rangs. En même temps le brave Chétou, suivi de ses *lemde* noirs et blancs, attaquait avec furie, et Oubié lui-même, malgré ses infirmités, donnait à ses soldats un exemple d'audace inattendu. La journée resta longtemps indécise ; mais Chetou tomba grièvement blessé, Oublié eut la jambe traversée d'un coup de lance de la main de Kassa lui-même, et Kokobié, avec son corps d'armée, passa à l'ennemi ou resta neutre (je n'ai pu bien éclaircir ce fait). La victoire fut complète : Oubié tomba aux mains du vainqueur : Chetou, oublié sur le champ de bataille se traîna dans les cavernes qui surplombent les belles vallées de la Menna et y mourut sans soins des suites de sa blessure. Quand Kokobié vint réclamer la récompense de sa trahison, il en trouva une qu'il n'attendait pas. « Je me méfie du serviteur qui vend son maître, » dit froidement le négus ; et Kokobié, mis aux fers, fut jeté dans les prisons d'État de Tchelga, où il est encore.

La bataille de Dereskié est du 5 février 1855. Le surlendemain, le vainqueur se faisait couronner en grande pompe, aux applaudissements de l'armée et du clergé, dans cette même église de Dereskié que le vaincu de la veille avait, en vue de son propre couronnement, fait bâtir et

orner sous la direction d'un naturaliste européen établi en Abyssinie et bien connu chez
nous, le docteur Schimper. Cette dérision du
sort ne dut pas être une des moindres douleurs
d'Oubié. Kassa prit le nom de Théodoros, porté
avant lui par un négus qui n'avait pas régné
sans gloire vers le douzième siècle. Ce nom était
un programme de règne. Une tradition univer-
sellement connue en Abyssinie citée par presque
tous les voyageurs depuis Bruce, dit qu'un
négus du nom de Théodore doit rétablir l'empire éthiopique dans son ancienne splendeur,
détruire l'islamisme, et enlever Jérusalem au
Croissant. Espérance obstinée et touchante, avec
laquelle un peuple écrasé de souffrances essaie
de tromper ses désillusions présentes ! Le nouveau négus ramassait ce nom dans les légendes
nationales et affirmait avec une audace commu-
nicative qu'il était l'homme des prophéties. Il
est certain qu'en 1855 toute l'Abyssinie le
crut : il est certain qu'aujourd'hui elle n'a plus
là-dessus une illusion. Quant à lui, en était-il
vraiment convaincu ? Question délicate, à
laquelle, même après l'avoir personnellement
connu, je ne sais trop que répondre. Je crois
cependant qu'il était sincère, et pour beaucoup
de raisons trop longues à développer dans cet

article, où j'ai à parler de l'Abyssinie et non à faire une étude psychologique sur un homme, d'ailleurs, l'un des plus éminents de ce siècle. Cette illusion lui fit commettre des choses singulières, comme cette proposition qu'il fit alors au czar, « son frère de Moscow » de combiner une marche sur Jérusalem et de se partager le monde musulman : mais elle lui a, dans un ordre plus pratique, fait faire de grandes choses que nous raconterons en leur lieu et dont profita l'Abyssinie.

Il restait à en finir avec les débris du parti qui venait de succomber. La prise d'Amba Hai termina la soumission du Semen. Sur ce sommet de près de 3,580 mètres d'altitude, Oubié gardait ses trésors, 40,000 talaris, beaucoup d'or et d'argent en lingots, et 7,000 fusils, le tout sous la garde d'un de ses fils. Le vainqueur fit amener devant la forteresse Oubié chargé de chaînes, et fit dire au jeune prince que la vie de son père dépendait de sa soumission. Cette menace peu chevaleresque produisit l'effet attendu, et la place capitula.

A Amba Hai où dans une citadelle voisine était enfermé depuis dix-sept ans le vaillant Sobhogadis Kassa, fils du vaincu d'Islamaï et victime d'une insigne trahison d'Oubié, mais tou-

jours resté cher au souvenir des Tigréens.
Il courait le risque de ne faire que changer
de chaînes, lorsque sa fille, princesse fort jeune
et d'une remarquable beauté, alla hardiment
trouver le nouveau négus et lui demanda la liberté de son père. Sa piété filiale et mieux
encore sa beauté, firent une favorable impression sur le jeune vainqueur, qui délivra Sobhogadis et prit pour favorite la gracieuse sup-
pliante. La conquête du Tigré était finie : le négus
donna cette vice-royauté à Balgada Arœa, brillant soldat, mais sans capacité administrative:
et mit Oubié aux fers. Oubié montra dans son
malheur une grande force d'âme : pendant qu'on
l'enchaînait, il dit froidement à son vainqueur,
« Kassa, pourquoi tant d'hommes et d'appareil ?
Pour en finir avec moi, *il ne faut qu'un doigt
et un fusil.* »

Les derniers succès de Théodore portaient la
frontière à deux journées de la mer en face de
Massaoua, et ce fut à ce moment qu'il prononça sa fameuse parole : « Mon empire va jusqu'à la mer, » et qu'il projeta de rentrer en
possession de cette zône littorale que les Turcs
avaient enlevée depuis des siècles à l'Abyssinie
affaiblie et divisée.

Les troubles du Sud ne lui en laissèront pas

le temps. Il y a, dans le nœud de montagnes qui sépare le Choa du gros de l'empire, un peuple musulman, de race étrangère, les Ouollo, colonie avancée de cette puissante race galla qui bat depuis trois siècles, comme une mer mugissante, les frontières de l'Éthiopie qu'elle a déjà rongée à moitié. Les Ouollo avaient soulevé chez les chrétiens abyssins des colères légitimes : ils étaient en quelque sorte les Suisses de l'Afrique, prêtant au plus offrant leur redoutable cavalerie, et ajoutant à l'horreur des guerres civiles l'âpreté de leur haine fanatique contre les chrétiens. Le voyageur Parkyns, traversant le Tigré quatorze ans après la bataille d'Islamaï, trouvait à deux journées de ce champ de bataille les routes semées d'ossements des malheureux vaincus poursuivis à cette distance par les Gallas. Théodore II, qui avait eu affaire à ces féroces mercenaires, s'était juré de les mettre hors d'état d'ensanglanter désormais les provinces chrétiennes, et ils eurent l'imprudence de le provoquer au moment même de son plus éclatant triomphe. Il apprit que les Ouollo, conduits par l'Amazone Oarkèt, avaient franchi les rampes abruptes du fleuve Bachilo et ravagé les provinces chrétiennes, principalement les églises. Théodore marcha sur eux : Oarkèt recula, et le négus, prenant pour base d'opération la petite province de Worra Haimanot, sur la rive droite du Bachilo, se disposa à la conquête de la province entière. Les Ouollo, commandés par Adara Bille, chef du Tehuladere, présentèrent bravement la bataille au négus à Lagadora, et furent taillés en pièces : leur chef resta sur la place, et les prisonniers furent mutilés sans pitié. Les survivants renoncèrent à la lutte en rase campagne et se retirèrent dans les Ambas, laissant le vainqueur razzier le plat pays et enlever des milliers de captifs qu'il distribua à ses soldats, puis il choisit pour quartier d'hiver et base d'opérations la place de Magdala, *amba* imprenable pour des Abyssins, sur la rive gauche du Bachilo : il en fit à la fois son arsenal et sa principale prison d'État, et y entassa des milliers de fusils qui, grâce à un long séjour et à un aménagement défectueux, sont aujourd'hui à peu près inutiles.

Oarkèt avait eu la maladresse de ne pas aider son compatriote et son voisin Adara : l'orage qui avait accablé ce dernier ne tarda pas à fondre sur elle. Elle le soutint d'ailleurs bravement : Théodore y perdit la plus grande partie de son armée, et renonça provisoirement à ses vues sur les Gallas. Un projet plus important l'occupait alors tout entier.

Les récits de notre compatriote Rochet (d'Héricourt) et du major Harris, nous ont assez fait connaître ce royaume de Choa, fondé il y a un siècle et demi par un chef heureux qui profita de la faiblesse du gouvernement des négus pour démembrer l'empire, et former dynastie sur l'extrême frontière du sud-est. La politique unitaire de Théodore II exigeait le retour à la monarchie de ce rameau détaché par les révolutions, et la circonstance était assez favorable. Sahlé-Salassié, gros brave homme, dont les voyageurs se sont obstinés à faire un Salomon africain, était mort. Son fils Melekot était loin de posséder son intelligence politique, ou plutôt cette bonhomie rusée qui cachait une énergie à laquelle les grands vassaux se gardaient bien de se heurter. Théodore marcha de Magdala sur Ankober, capitale du Choa, et Melekot vint au-devant de lui avec une armée nombreuse et aguerrie. La nuit qui précéda la bataille, Melekot mourut subitement. On eut pu faire bien des conjectures étranges sur cette mort opportune, mais ce qui prouve bien que Théodore était à l'abri d'un soupçon d'empoisonnement, c'est que ce soupçon n'a jamais été exprimé dans un pays aussi méfiant que l'Abyssynie.

Les nobles consternés se réunirent en conseil. Ils tenaient surtout à l'autonomie de leur petit État, et décidèrent qu'ils combattraient à tout prix, mais que pour prévenir l'effet désastreux de cet événement sur le moral du soldat, on aviserait à le leur cacher. Le lendemain matin, en effet, les Choans marchèrent vaillamment à l'ennemi, précédés d'une litière fermée, qui était censée abriter le roi souffrant : ils se battirent admirablement, mais finirent par être écrasés. Théodore profita de la victoire avec une rapidité à laquelle les Abyssins n'avaient jamais été habitués : il escalada la formidable position d'Ankober, bâtie au sommet d'un pain de sucre, où les chamois mêmes monteraient à peine, annexa le royaume à son empire, mit un petit nombre de chefs influents aux fers, eut l'adresse de ne pas froisser les nobles secondaires, auxquels il laissa leurs charges et leurs commandements, annula les traités conclus par Sahlé-Salassié avec la France et l'Angleterre, et dirigea triomphalement sur Devra-Tabor les canons anglais et français trouvés à Ankober.

Il n'était pas encore parti, quand il apprit que le parti de Beurrou s'agitait au fond du

Godjam : il y accourut comme la foudre et se baigna dans le sang. Une femme fut brûlée vive par le seul motif qu'elle était mère ou épouse d'un des chefs insurgés, et qui mourut avec courage. Du reste, ces exécutions ne déracinèrent pas l'esprit de provincialisme indocile qui régnait dans ces provinces éloignées. Un an après le départ de Théodore, le jeune chef à qui il avait confié le Godjam se déclarait indépendant et refusait le tribut. Il s'appelait Tedla Gualu : on le retrouvera plus loin.

Cependant une insurrection plus sérieuse se préparait dans le Tigré, chez ce peuple léger, ami des aventures et des brillants aventuriers, séparatiste avec passion, et où la famille d'Oubié avait encore bien des partisans. Les jeunes fils d'Oubié n'osèrent pas risquer la vie de leur père prisonnier, en prenant les armes en son nom : il leur fallait un chef résolu, de peu d'antécédents, le moins compromettant possible : ils jetèrent les yeux sur Agau Négousié.

Négousié, surnommé Agau à cause de son pays natal, avait servi sous Kassa. Après la bataille de Dereskié, le vainqueur s'informa d'un jeune officier reconnaissable à un dolman en peau de lion et qui s'était battu vaillamment.

C'était Négousié. En récompense de sa bravoure et d'une blessure qu'il avait reçue, le négus lui donna je ne sais quelle province, et le vit partir sans défiance avec une quinzaine d'hommes du Dembea pour le Semen, pays favori de la famille d'Oubié. Ce fut là probablement que la défection fut combinée: Négousié, fils d'Oubié, et le *fit aurari* Ouelda Mikhaël vinrent à lui et le proclamèrent négus. Il fit l'irrésolu et résista quelque temps; il fallut une demi violence pour le mettre sur l'*alga*, siége particulier qui doit ici signifier trône. Ce pas décisif fait, il fallait agir et rallier ou écraser les chefs voisins indécis. Négousié marcha avec quelques troupes et cinquante *neftenya* (fusiliers) contre Meurtcha, préfet du Tallemte, qu'il battit, puis contre Guelmo, *belambras* (connétable-margrave) de Tchelga et de presque toute la frontière égyptienne. Guelmo fut encore plus malheureux : il resta comme mort sur le champ de sa défaite. Sans perdre de temps, Négousié entra solennellement à Gondar, où il fut reçu (août 1855) par les *debteras* (lettrés), déjà fort inquiets des velléités réformatrices de Théodore II. Il nomma un préfet pour le Dembea, et marcha au Tigré, où le parti théodoriste s'était fortifié sous la direction du balgada.

Le frère de ce dernier périt près d'Haouzène, dans une bataille sanglante où Négousié fut blessé, et toutes les provinces voisines acclamèrent le vainqueur.

Après ces combats, la lutte éprouva un temps d'arrêt dont ce pays, épuisé par tant d'années de guerre civile, avait le plus grand besoin. Malgré la gravité de l'insurrection du Tigré, l'attention publique s'en détournait pour se porter sur Gondar, évacué par les rebelles, et où le nouvel empereur essayait la mise en action du programme de civilisation qu'il avait promis d'inaugurer.

IV

Les premiers actes du négus Théodore II sont
empreints d'un sens pratique et d'une modéra-
tion qui contrastent singulièrement avec sa conduite présente. Pourtant, si au moment même
où les cloches de Dereskié annonçaient solennellement son avénement au trône des David et
des Fasilidès, il eût jeté un regard en arrière et
songé au temps si récent de sa proscription et
de ses misères, on comprendrait sans peine que
la tête lui eût tourné. Il ne l'eut jamais plus
saine qu'en pareil moment, et le programme à
la fois splendide et rationnel qu'il émit alors et
qu'il mit en pratique pendant quatre années,
justifie bien l'engouement dont il fut d'abord
l'objet de la part de quelques voyageurs et de
divers journaux européens. Son idée était fort
simple : il voulait régénérer l'Abyssinie et tirer
de son antique civilisation les éléments mêmes
de sa renaissance. On verra plus loin par quels
côtés matériels (organisation de l'armée, industrie, etc.) cette idée était chimérique ; mais

elle avait de grandes séductions pour l'immense orgueil national des Abyssins, et n'exposait pas le négus à rencontrer ces résistances qui ont forcé le czar Pierre et le sultan Mahmoud à inaugurer leurs réformes dans le sang.

L'Abyssinie, en effet, dans sa plus grande décadence, offre aux yeux du voyageur non prévenu, la charpente d'un ordre social fort perfectionné. La féodalité y existe, mais elle n'y est pas plus oppressive qu'en Angleterre. Les institutions sont très-démocratiques, les rouages administratifs simples et fonctionnant régulièrement, la législation avancée (c'est quelque chose comme le Code Justinien adapté à l'esprit abyssin), la propriété bien définie, les droits individuels garantis par le droit d'appel à l'Empereur (*rete o djan-hoï!*), la famille entourée de sécurité, le commerce protégé, les vengeances politiques et les violences de la guerre neutralisées par l'inviolabilité des nombreux *ghedem* (lieux d'asile). La loi est bonne et féconde en soi ; c'est la faute de la barbarie amenée par l'anarchie sans fin, si la noblesse est batailleuse et pillarde, l'église cupide, la justice vénale, le mariage annulé par l'exemple contagieux de l'aristocratie, le droit d'asile et celui des caravanes parfois violés. Il ne fallait, selon le vainqueur de Dereskié, que revenir à l'ancien Code royal (tarikanagast) et l'appliquer avec une vigueur formidable. On va voir s'il y manqua.

Le premier besoin de l'Abyssinie était la sécurité des routes, et en général des campagnes, parcourues alors par des bandes pillardes qui prenaient à peine la précaution d'afficher un drapeau. Une proclamation royale, datée du camp de l'Ambadjara, près Gondar, ordonnait « que chacun retournât à la profession de ses pères, le marchand à sa boutique, le paysan à la charrue. » L'édit fut exécuté avec une rigueur draconnienne, et on vit des choses impossibles ailleurs qu'en Abyssinie. Les gens de Tisbha, bandits incorrigibles, dont le village occupe un contrefort de la montagne d'Ifag, vinrent au camp, armés jusqu'aux dents, et demandèrent au négus la confirmation de leur droit d'exercer la profession de leurs pères. « Quelle est cette profession ? demanda le négus sans défiance. — Voleurs de grande route, répondirent-ils insolemment. — Écoutez bien, dit Théodore surpris et se contenant, votre profession est périlleuse et l'agriculture vaut mieux. Descendez dans la plaine et cultivez-la ; c'est la plus belle terre de l'empire, le Lamghé. Je vous donnerai moi-même des bœufs et des char-rues. » Ils furent inébranlables et ne sortirent pas de la lettre de l'édit. Le négus finit par dire oui et les congédia. Comme ils s'en retournaient, fiers d'avoir, à ce qu'ils croyaient, intimidé le souverain, ils furent rejoints en route par un escadron de cavalerie, dont le chef dut leur prouver clairement que si David-le-Grand les avait autorisés par charte à vivre des grandes routes, il y avait un décret du roi Lalibela qui autorisait la gendarmerie à sabrer les voleurs. Aussi n'en resta-t-il guère, et je ne fus pour ma part nullement inquiété quand je couchai à Tisbha, en janvier et en mai 1863.

Un autre jour, il rencontra près de Ferka, un camp de ces vagabonds qui, couverts de peaux de léopards, demandent l'aumône et l'extorquent dans les fermes isolées; ce sont les *gypsies* du Nil. Il remarqua parmi eux une jeune fille fort jolie qui n'était pas évidemment de leur monde, et qui les avait rejoints par goût de vagabondage. Il la fit causer, l'engagea à quitter cette fange où elle n'était pas née, et lui promit un mariage honorable avec quelque riche paysan. Il faut dire ici qu'une des passions favorites de cet homme terrible est de faire des mariages, et qu'il ne perd jamais de vue, même dans les moments les plus critiques, les gens qu'il a mariés. La jeune fille refusa, allégua qu'elle avait un amant parmi ces truands, et qu'elle aimait cette vie. « Bien, dit le négus ; mais encore faut-il que tu aies un prétexte pour mendier ; tu en auras un bon sur l'heure. » Et il lui fit couper une main et un pied.

Le corps judiciaire était fort dépravé. Il y avait à Gondar une sorte de cour suprême, celle des douze *likauent* (pluriel de *like*, juge), conservatrice du Code et qui balançait l'autorité impériale. On en citait des traits de vénalité cynique, comme celui de Lik Argo, qui, ayant accepté d'un plaideur un pot de miel et de son adversaire une mule, et ayant favorisé ce dernier, répondit aux plaintes de l'autre : « Que veux-tu, mon ami, ton pot a été cassé par une mule d'un coup de pied ! » Le négus eut l'art de ne point paraître violer la loi, même envers ces prévaricateurs, et d'obtenir d'eux-mêmes leur abdication. Dans une affaire où il était personnellement intéressé, il réunit les likanent, leur exposa le débat et leur demanda : « Que décide le Code ? — Sire, répondirent les juges embarrassés, le Code, c'est Votre Majesté. » Il les prit au mot, supprima leur juridiction tout en leur laissant un titre honorifique et viager, et se substitua à eux comme cour d'appel pour tout l'empire. Vu l'esprit de chicane du peuple abyssin, il y avait de quoi effrayer tout autre homme que cet homme infatigable. J'ai pu juger moi-même de cette activité, attestée par d'autres voyageurs (1). Après une veille très-prolongée, le négus prenait trois ou quatre heures de repos, qu'interrompaient, dès deux heures du matin, les nombreux plaideurs qui venaient prendre rang en prononçant le cri qui tient lieu du *haro* des Normands : *Djan-ho djan-ho djan-hoï* (Majesté ! Majesté !). Les plaidoiries commençaient presque aussitôt et ne finissaient parfois qu'à dix heures. Un carré composé d'officiers, de soldats, de plaideurs attendant leur tour, formait l'audience. Cette justice rustique et expéditive a été un des grands moyens de popularité du négus ; elle était sévère dans les grandes choses, joviale dans les petites. Un jour, un paysan plaidait contre le *tchéka* (maire) de son village, qui l'avait appelé *donkoro* (imbécile), injure prévue dans le Code. « Tu payeras l'amende, dit le négus au maire. Il ne doit pas y avoir d'imbéciles dans mes États. »

(1) Voyez Krapf.

Un jour, on lui amène un soldat qui avait assassiné deux marchands sur la route. « Pourquoi les as-tu tués? demanda le négus. — J'avais faim. — Mais ne pouvais-tu au moins leur prendre seulement le nécessaire et épargner leur vie? — Si je ne les avais tués, dit naïvement le soldat, ils auraient défendu leur bien. » L'empereur, exaspéré de ce cynisme ingénu, lui fait couper les deux mains, les lui fait servir dans un plat et lui dit : « Ah! tu avais faim? Eh bien! mange! »

Ce système draconien, appliqué par un homme qui n'était nullement sanguinaire, eut des résultats immédiats. Les routes, sans cesse ensanglantées jusque-là par le brigandage et la guerre civile, devinrent aussi sûres que celles de France ou d'Allemagne. Un habitant de Djenda me disait, l'an dernier, que ce village ne comptait pas, avant Théodore II, un seul jour de marché qui ne fût suivi de quelque assassinat. Sous le nouveau négus, pas un seul meurtre n'avait eu lieu dans le bourg ou sa banlieue. Il faut lire les voyages faits en Abyssinie de 1830 à 1845, pour apprécier le bienfait d'une sécurité si rapidement obtenue, et la vigueur de la main qui l'imposa. Moi-même, je me souviens de m'être dix fois attardé en pleine campagne, à nuit close, à quatre et six kilomètres de ma résidence, en compagnie d'un seul serviteur, sans armes comme moi, et jamais l'idée ne m'est venue à l'esprit que je pouvais courir l'ombre d'un danger.

Mais ce n'était pas seulement la voie publique qui réclamait l'établissement de l'ordre ; la société n'en avait pas moins besoin. Une féodalité sans frein avait, malgré les lois, à peu près supprimé le mariage : il était devenu de bon ton de remplacer le mariage religieux par un lien civil rompu au premier caprice. Tous les grands barons avaient, à côté de l'*oizoro* légale, de la matrone entourée d'un respect menteur, fière, indolente et délaissée, un état-major de jolies servantes au minois éveillé, partageant leur amour peu farouche entre le maître tout puissant et les beaux garçons qui encombrent les antichambres. On peut s'en faire une idée en voyant, dans une des gravures du livre bien connu de feu Rochet (d'Héricourt), les filles d'honneur d'*Itéghé* Betsabèche. C'était à peu près le harem, moins le nom. Impuissant à remonter un pareil courant, le négus fit au moins quelque bien, d'abord en payant d'exemple, puis en rendant un décret qui obligeait tous ses officiers et soldats à ne garder qu'une seule femme.

L'œuvre la plus périlleuse à tenter, cependant, était la réforme religieuse. Une courte explication est ici nécessaire.

Les amis des classifications absolues n'ont pas hésité à déclarer l'église abyssine hérétique et eutychienne. La vérité est que le christianisme abyssin est le catholicisme, mais un catholicisme barbare, que l'eutychianisme n'est là qu'une opinion, discutable comme tant d'autres et nullement officielle, et que l'Abyssinie n'est séparée de l'Église romaine que par des questions insignifiantes dont Rome, je l'ai dit, est la première à faire bon marché. Je suis bien convaincu qu'il ne tint qu'à un fil que Théodore ne se ralliât à M. de Jacobis qu'il vénérait, et ne s'en servît contre Salama qu'il méprisait cordialement. Ce qui l'éloignait surtout de Salama et de l'Église officielle, c'était une question toute politique sur laquelle, à ce qu'il semble, il eût trouvé M. de Jacobis plus accommodant que le Copte cupide : je veux parler des biens ecclésiastiques. La vieille contribution donnait à l'Église les deux tiers du territoire national, propriété énorme et oppressive qui s'augmenta encore des dons nombreux des négus

et des plus pieux *balagoult* (nobles, gens à fief).
Tous les abus de la main-morte pesaient sur
les paysans tenanciers de l'Église, devenue
avare et rapace, et n'étaient pas compensés
par l'inviolabilité dont jouissaient, en temps de
guerre, ces terres privilégiées. Le négus porta
sur cette constitution sacrée la main de fer d'un
niveleur victorieux : à la suite d'une violente
philippique contre tous les vices du clergé, il
déclara la main-morte une iniquité et un péril
national, et fit passer toutes les terres de l'Église
dans le domaine de la couronne, en assurant
un revenu pour l'entretien des desservants, en
laissant aux abbayes assez de terres pour nourrir
leurs habitants, et à l'*abouna* quelques belles
propriétés, comme Addi-Aboun près Adoua et
Djenda dans le Dembea. Le peuple vit cette
réforme avec assez de faveur, mais dans toutes
les conspirations et les révoltes subséquentes,
Théodore II trouva, sans s'en étonner, la main
mystérieuse de l'*abouna* et du corps nombreux
dont il était le chef.

Le propre de l'absolutisme est d'aimer la
politique de bascule. A l'*abouna* qu'il dépouil-
lait et qu'il craignait encore, Théodore accorda,
un peu à contre cœur, la proscription des
catholiques romains. Il était personnellement

sympathique à M. de Jacobis, mais il professait en matière de culte l'opinion de Louis XIV, qu'un État bien gouverné ne doit avoir qu'une seule religion, celle que professe le souverain. M. de Jacobis fut reconduit à la frontière par Gallabat. Un parti de cavalerie commandé par Sobhogadis-Kassa se rua sur le paisible village d'Alitiena, voulut saccager l'Église et expulser les prêtres : les paysans défendirent leurs pasteurs au prix de leur sang, car il y eut un mort et des blessés. Des individus isolés furent cruelment maltraités et montrèrent un courage héroïque. Je n'en citerai que deux.

Le premier, Ghébra Mariam, était un homme âgé, prêtre, théologien renommé qui, pour éclaircir quelques doutes, avait fait le voyage de Rome, aussi difficile pour un simple abyssin qu'aurait été, au moyen-âge, le voyage de Bagdad pour un prêtre français. Sans être encore bien fixé, il penchait pour M. de Jacobis, mais n'avait fait aucune adhésion décisive quand il fut amené devant le roi et l'abouna, et sommé d'abjurer les idées romaines. La persécution le roidit et sembla dissiper ses hésitations : il confessa hardiment une foi qui lui offrait l'attrait de la lutte si chère au caractère abyssin, discuta sous le coups avec autant de sang-froid que s'il eût été sur les bancs de l'école. Il succomba enfin à ses souffrances multipliées, adoucies secrètement par la compassion sympathique de ses geôliers.

Son héroïsme fut encore dépassé par la jeune Lemlem, frêle et jolie femme de seize ans au plus, mariée à un jeune noble catholique, alors absent de Gondar. Elle fut traînée au prétoire que présidaient le négus et l'abouna, et se donna le plaisir tout féminin, de persifler le lourd et ignorant étranger qui voulait la convertir. « Ton mari a abjuré, dit l'*abouna* (c'était faux) tu dois suivre son exemple. — Son âme est à lui, dit Lemlem, et la mienne est à moi. — Quitte ce mari, je t'en choisirai un autre aussi jeune et aussi noble pour le moins. — Non, dit vivement la jeune femme, je sais qui vous me destinez, et je ne puis pas souffrir les blancs. » Ce sarcasme, plus intelligible pour les gens de Gondar que pour nos lecteurs, exaspéra l'*abouna* qui se précipita sur la victime, lui cassa deux dents, lui ensanglanta la bouche d'un violent coup de poing, et l'aurait assommée d'un coup de sa crosse qu'il lui porta à la tête, si un domestique présent n'avait amorti le coup en interposant son bras, qui fut presque brisé. Lemlem fut jetée en prison, et ses jambes écartées furent assujetties à des sortes de ceps : elle accoucha dans cette affreuse position, et l'abouna qui vint la voir dans son cachot, ne pouvant vaincre son obstination, lui fit enlever son enfant. Folle de douleur, le sein gonflé d'un lait qui la faisait horriblement souffrir, elle réclamait son enfant avec des cris déchirants, toujours inutiles. Rien ne put entamer cette âme indomptable. Il fallut plus tard, de guerre lasse, la mettre en liberté.

Toutes ces rigueurs impolitiques inauguraient tristement le nouveau règne ; et des correspondances religieuses et politiques irritées, on le comprend trop, jusqu'à l'injustice, présentaient à l'Europe, commme un second Dioclétien, le restaurateur de l'Éthiopie. J'ai assez connu le négus pour être persuadé que le fanatisme n'était pour rien dans ces actes sauvages : il obéissait à cette raison d'État aveugle, qui égara si cruellement Louis XIV, et eut malheureusement, comme le grand roi, ses complaisants et ses Bossuet pour chanter ses «rigueurs nécessaires.» Il sentit cependant le tort qu'elles pouvaient faire à sa renommée aux yeux de l'Europe, dont l'opinion lui fut toujours très-sensible : et pour y parer, il adressa aux consuls de France et d'Angleterre à Massaoua, une lettre dans laquelle il expliquait les mesures prises contre les missionnaires, comme le châtiment de leurs intrigues politiques (qu'il avait on l'a vu, provoquées et exploitées le premier). Il déclarait que pour prouver qu'il n'avait pas été mû par une haine aveugle contre les Européens, il était prêt à accueillir avec distinction et à combler de présents et de concessions de terre, les Européens qui voudraient bien venir initier les Abyssins à l'agriculture et aux arts manuels.

Il est facile de voir, à travers tant d'actes d'une moralité si diverse, la trace d'une pensée unique, qui ne manquait ni de logique ni de grandeur. « L'Empire a dépéri, disait le négus, parce que les souverains légitimes ont cessé de gouverner avec un bras fort, un cerveau intelligent, un cœur pieux. Dieu a retiré sa faveur à la lignée de Salomon ; il a donné la force aux barbares, aux Turcs qui nous ont pris le Sennaar et Massaoua, aux Galla qui nous ont repoussés jusqu'à l'Abaï. Mais comme il ne veut pas que le peuple périsse, il m'a tiré de la poussière et m'a commandé de restaurer le pouvoir impérial comme il était au temps du négus Kaleb et des glorieux empereurs qui conquirent l'Yemen, et de revendiquer partout contre les musulmans, les anciennes limites de l'Abyssinie. *Mon empire va jusqu'à la mer...* »

Ce dernier mot était grave, car il annonçait l'intention de réclamer par l'épée le littoral sauvage et presque désert arraché par la Porte, au seizième siècle, à la faiblesse insouciante des *rois des rois*. Les gouverneurs de Massaoua ne sont pas encore rassurés, aujourd'hui, sur les intentions définitives de leur formidable voisin, trop intelligent pour ne pas comprendre qu'il faut à un grand Etat un port maritime, sous peine de dépendre, pour les besoins les plus élémentaires, des États plus favorisés sous ce rapport. La Porte, qui ne tire de Massaoua aucun avantage politique ou financier, comprend très-bien qu'elle possède la clef de l'Abyssinie, et, trop faible pour en tirer parti, comme elle l'eût pu tenter sous Sélim-le-Grand, elle se donne le plaisir puéril et malfaisant d'affaiblir un grand État chrétien, en veillant rigoureusement à ce qu'il ne reçoive par là, ni armes, ni munitions de guerre. Reste à savoir ce que deviendra cette vieille prohibition, le jour où il plaira au négus, mieux inspiré, de répondre franchement aux avances de l'Europe, et de lui demander les armes perfectionnées qu'il cherche si coûteusement à imiter chez lui.

Ses prétentions sur le Sennaar et la Nubie sont très-discutables et tiennent à un malentendu qu'entretient la pédante courtisanerie des Européens qui l'environnent. Les Abyssins, en adoptant le christianisme, ont tenu à se rattacher à quelqu'un des peuples cités dans la Bible, et comme la leur a été traduite des Septante, ils y ont pris sans façon le nom d'Éthiopiens qu'ils ont appliqué à leurs ancêtres. Au titre de rois d'Axum, qui paraît avoir été le premier titre connu de leurs souverains, s'est substitué, on ne sait quand, celui de *roi des rois d'Ethiopie* (negus nagast za' Aithiopiya). Je n'ai pas besoin d'expliquer ici que l'Éthiopie des Grecs et des Romains était, dans sa plus vague extension, toute l'Afrique orientale moins l'Égypte, et dans son sens restreint et précis, la Nubie à partir de Syène : on sait aujourd'hui où régnaient les deux reines Candace et où s'élevait Meroé. Théodore II, peu familiarisé avec ces subtilités d'érudition, savait seulement qu'il était empereur d'Éthiopie, et qu'au temps de David et de Salomon, l'idéal des temps historiques à ses yeux, l'Éthiopie s'étendait jusqu'au tropique : aussi annonça-t-il, dès son avénement, l'intention de reprendre aux Égyptiens toute la Nubie jusqu'au delà de Dongola, tout en remettant l'exécution de ce dessein à des temps moins troubles.

Cependant l'expulsion des catholiques parut à M. Gobat, une excellente occasion de reprendre ses projets sur l'Abyssinie. Il avait pris sous son patronage une sorte de séminaire fondé à Bâle dans un ancien couvent catholique appelé Saint-Crischona, et où l'on formait pour les missions étrangères, principalement celles d'Afrique, de jeunes ouvriers de la Suisse et de la Souabe à qui on donnait une éducation théologique très-sommaire. Le principe de Saint-Crischona, et en général de la propagande protestante, se résume ainsi : le meilleur moyen de donner à un peuple encore barbare une haute idée du christianisme européen et de le lui rendre sympathique, est de commencer par lui faire apprécier les bienfaits de notre civilisation, en les lui faisant partager. Il faut donc commencer, non par des prédicateurs, mais par des *éducateurs professionnels*. Ce principe est bon et pratique en soi, mais l'application, à Saint-Crischona, en était défectueuse.

En général, le monde mesure le zèle des apôtres de tout genre par les sacrifices qu'ils ont faits à leur foi, et se méfie des gens qui gagnent de l'argent en s'occupant de l'âme de leur prochain. Des hommes qui ont quitté de hautes positions héréditaires ou acquises, comme les PP. Jacobis et Boré, comme des missionnaires protestants qu'on peut citer, pour braver les hasards et les souffrances matérielles du prosélytisme en Orient, ont donné d'amples garanties de leur dévouement : mais des ouvriers, transportés d'un métier manuel et mal rétribué, au confortable relatif d'un séminaire, et presque sûrs de trouver dans leur mission une position matérielle supérieure à celle qu'ils avaient dans leur ville natale, ont de trop fortes tentations de subordonner, dans les moments décisifs leur zèle de nouvelle date à des préoccupations plus mondaines. On verra si les missions d'Abyssinie ont échappé à ce danger.

La direction décida que douze missions, dont chacune porterait le nom d'un apôtre, seraient échelonnées parallèlement au Nil de Jérusalem à Gondar. Ce plan de *Via sacra* était théâtral, mais dispendieux et absolument opposé à l'expérience la plus élémentaire. Onze stations sur douze étaient en pays musulman, et quiconque a vu l'Orient connaît l'impossibilité de faire un seul converti dans l'Afrique islamite, à part peut-être deux ou trois de ces vagabonds qui s'attachent aux voyageurs comme drogmans ou domestiques, et qui se feraient pour six mois swendeborgistes ou mormons, pourvu qu'il y eût un dollar au bout du baptême. A cette objection, on répondait que ces onze premières stations n'avaient aucun but de prosélytisme, mais devaient seulement être des stations commerciales pour l'approvisionnement de ménage de la mission d'Abyssinie. Soit : mais était-il bien dans l'intention des fidèles, souscripteurs de l'OEuvre, que leurs deniers servissent à avantager des spéculations privées étrangères à leurs intérêts religieux, puisque cet approvisionnement pouvait se faire à meilleur marché au moyen d'un agent de confiance envoyé quatre fois l'an à Khartoum ou à Massaoua ?

J'ajouterai, pour en finir avec cette ennuyeuse question d'argent, que si les missionnaires n'ont encore converti personne, les bureaux d'épicerie calvinistes ont fait leurs affaires.

En 1856, M. Martin Flad arriva de Bâle en Abyssinie et fut suivi, depuis cette date jusqu'à la présente année, d'une dizaine de compatriotes qui s'installèrent à Djenda et à Darna, non loin du lac et dans la province de Dembea, et sur la colline de Gafat, à une heure de Devra Tabor. Ils furent très-bien reçus par le négus, qui tenait à faire oublier l'expulsion des Lazaristes :

mais lorsqu'ils demandèrent la permission de prêcher leurs doctrines, Théodore II, qui professait l'opinion de Louis XIV sur l'unité de culte dans un État, leur fit comprendre qu'il ne tolérerait aucune discussion de dogme, et les autorisa seulement à faire de vagues prédications de morale générale. Par exception, M. Flad et quelques autres furent autorisés à tenter la conversion des Falachas, qu'il n'aimait point, et des prisonniers Gallas que la guerre du Ouollo avait répandus dans le pays.

Devant une pareille décision, il n'y avait qu'un parti à prendre : suivre le précepte de saint Paul et porter l'Evangile à quelque pays plus disposé à l'accueillir. Mais ce n'était pas le compte du Rév. Gobat, et sous le prétexte commode qu'il fallait attendre un coup de la grâce, on resta. M. Flad et ses acolytes répondirent, par leurs efforts, aux vues de leur société : mais leurs frères de Gafat ne purent ou ne voulurent pas tenter la seule chose qui justifiât leur présence en Abyssinie, l'éducation professionnelle des indigènes. Le négus avait la tête à d'autres visées. Ayant lu dans la Bible que David allait à la guerre monté sur un char, il commanda à *ses Européens* de lui en faire un, leur laissant toute latitude pour la forme. Aussi ne lui fit-on

pas un char antique sur le modèle des peintures
étrangères, mais une manière de chariot peint
en vert dont les essieux, que les Abyssins prenaient pour des canons, leur inspirait une terreur respectueuse. Cet engin fut porté à bras au
camp, car on avait oublié de faire aussi des
routes pour le promener. Il fut mis hors de service en quelques jours, et son squelette orne à
présent l'arsenal de Magdala.

Le négus, content de ce premier essai, ordonne aux missionnaires de lui fabriquer un
mortier et des obus. Ils déclarèrent d'abord
qu'ils n'avaient jamais appris à en faire. Ce fut
alors la répétition, moins tragique, de la scène du
dey d'Alger et des forçats, si plaisamment racontée par Raffenel dans son voyage au Sénégal.
Les récalcitrants ne furent pas décapités, mais
simplement mis à la diète, et pour ne pas mourir
de faim, ils déclarèrent qu'ils allaient essayer.
Deux d'entre eux étaient un peu mécaniciens :
un déserteur polonais, ex-artilleur, leur fabriqua
un moule, et le roi vint en personne à Gafat assister au premier essai, qui réussit, c'est-à-dire
que l'obus partit et éclata en l'air. Le négus
rentra chez lui très-agité, sans prononcer un mot
et fit à ses fondeurs-apôtres une première distri-
bution de subsides dont la libéralité inusitée

attestait l'impression produite sur son esprit.

Cependant la guerre des Ouollo avait ému l'opinion au Soudan d'abord, puis en Egypte : on y avait vu une guerre de religion, ce qui n'était faux qu'à moitié : on craignait les persécutions contre les musulmans d'Abyssinie. Saïd Pacha faisait alors ce voyage triomphal du Soudan qui a si précisément marqué l'année 1856. Il eut, paraît-il, une velléïté d'envahir l'Abyssinie et de se mesurer contre le nouvel empereur : Les prétextes ne manquaient pas. Les Egyptiens avaient gardé quelque sympathie pour Oubié, voisin pacifique à qui succédait un gouvernement plus inquiet et plus inquiétant : de plus, Théodore avait peut-être lancé quelqu'une de ces bravades dont il abuse : enfin, on craignait (et l'évènement a justifié les craintes) des persécutions contre les musulmans abyssins. Mais, en tout cas, une aggression égyptienne dans les circonstances d'alors eût été une violence gratuite, et l'Europe n'eût pu laisser de sang-froid un peuple chrétien livré à toutes les fureurs d'une soldatesque noire qui eût fait, en cas de succès, une immense fabrique d'esclaves. Les consuls généraux d'Alexandrie posèrent nettement leur veto, et le grand enfant dépité déclara que le Soudan n'avait pour lui d'importance que comme porte ouverte sur l'Abyssinie : et que, puisqu'il n'était pas libre d'y entrer, il désorganiserait et annulerait le Soudan. Il tint parole. La capitale fondée par Méhémet-Ali au confluent des deux Nils, n'est aujourd'hui qu'un nid de négriers en faillite. Ramené à des idées plus prudentes, le vice-roi se borna à envoyer en ambassade au négus, le chef spirituel des chrétiens d'Egypte, *abouna* Daoud (David) afin d'obtenir quelques garanties de paix à la frontière, et de sécurité pour les musulmans de l'intérieur.

David arriva à Devra Tabor en décembre 1856. La première entrevue fut moins qu'amicale. Le négus, avec cette défiance nerveuse qui est le trait le plus saillant de son caractère, ne put s'imaginer qu'un prélat chrétien vînt à lui sous le patronage d'un prince musulman, et s'imagina que c'était un musulman déguisé en patriarche : il lui demanda sèchement si c'était le dévouement à la cause chrétienne ou l'obéisance à Saïd-Pacha qui l'avait amené en Abyssinie. La conduite du pontife, assez digne de l'Église et de la race également dégradée auxquelles il appartenait, autorisait assez la bizarre supposition de Théodore. David faisait ouvertement, même en Abyssinie, la traite des esclaves gallas. Il ne comprit pas du premier coup à quel esprit hautain et absolu il avait affaire, et crut devoir le traiter comme ses prédécesseurs parlaient aux rois fainéants de Gondar : il alla jusqu'à l'excommunier. Le négus pria alors Salama de le relever de l'excommunication, et l'abouna, comprenant parfaitement le sens impératif de cette prière, s'empressa d'y déférer. Théodore avait assigné à chacun des deux prélats, non loin de sa tente, une *zeriba* fermée d'épines, où ils étaient à peu près aux arrêts, bien qu'entourés de soins et de respects obséquieux. David, sur le seuil de sa porte, étendit un bras menaçant vers la tente du négus et prononça l'excommunication canonique, à laquelle Salama, posté au milieu de sa zeriba, répondit par un veto non moins légal. Le patriarche alors se tournant vers son suffragant, lui déclara fièrement qu'il était son supérieur, et que nul ne pouvait délier ce qu'il avait lié. « Tu es mon supérieur à Alexandrie, répliqua Salama, mais en Abyssinie, tu n'es rien, et je suis tout ! — Prêtre rebelle, dit David, je t'excommunie avec ton maître ! — Et moi, je t'excommunie aussi, dit l'abouna, et mon excommunication est seule valable ici ! » Bref, pendant deux jours, la formule redoutée volait d'une zeriba à l'autre, au grand scandale des soldats, qui ne savaient

plus auquel croire ds ces deux arbitres redou-
tés de la foi. Le négus n'était pas fâché de donner à ses soldats cette leçon pratique de scepti-
cisme, et de ruiner dans leur esprit un pouvoir
qu'il redoutait dans l'avenir : il fit cesser le
scandale quand il jugea qu'il avait assez duré.
Le patriarche retourna au Caire sans avoir rien
obtenu. Par répresailles, il fit saisir illégale-
ment tout ce que les Abyssins possédaient à Jérusalem, c'est-à-dire le couvent fondé par les
anciens rois Ethiopiens pour les pèlerins de
cette nation allant en Terre Sainte. Le couvent
et les biens qui en dépendaient furent vendus à
l'évêque russe de Jérusalem pour 60,000 dollars qui entrèrent dans la caisse du patriarche.
Les moines réclamèrent : le pacha, gagné, dit-
on, par un bakchich donné à propos, les fit mettre aux fers et consacra la spoliation, que le
négus n'a jamais pardonnée aux Coptes ni à
leurs patrons musulmans.

Pendant ce temps, la rébellion du Tigré
grandissait et se consolidait de la manière la
plus inquiétante. Autour de Negousié s'étaient
groupés tous les chefs tigréens (et le nombre
en était grand) qui ne se souciaient guère de la
personne d'Oubié, mais qui ne voulaient pas
obéir à un gouvernement unitaire : tous ceux

que Théodore avait mécontentés en leur témoignant une méfiance impolitique : les anciens officiers d'Oubié, de Ras Ali, de Gocho ; tous ceux enfin qui, entourés de cantons insurgés, craignaient beaucoup plus d'avoir pour ennemi Negousié présent que Théodore attardé derrière le Takazzé. Une fois compromis dans l'insurrection et connaissant assez le négus pour savoir qu'il ne leur pardonnerait jamais, ils y apportaient une énergie et une décision qui semblent avoir souvent manqué au prétendant, et ne demandaient pas mieux que de le pousser en avant.

Quant au pays, parcouru sans cesse par des bandes criardes et sans frein, saccagé, mangé, il souffrait horriblement de la guerre civile. Les provinces se battaient entre elles : Ato Meratch, gouverneur d'Adiabo, envahissait le Chiré, mettait en fuite le chef de cette province, *ato* Sourafel, lui tuait cent cinquante hommes et lui faisait trois cents prisonniers. Les villes, les bourgades prélevaient elles-mêmes les impôts et les droits de passage. La situation générale n'était pas sans quelque ressemblance avec celles de la France à la fin des guerres de la Ligue.

Le succès de Negousié avait inspiré à quelques aventuriers l'audace de l'imiter sur une moindre échelle. Parmi eux, se fit remarquer un certain Waranya, qui occupa les basses terres au nord du Woggara, et avait pris une devise digne des routiers du quatorzième siècle :

De tout ce qu'éclaire le soleil je suis l'ennemi.

Il fit parler de lui à la suite d'une très-chaude affaire où il battit et tua un des meilleurs généraux de Negousié. Cet officier, surpris par l'irruption de Waranya, avait inutilement demandé des secours à Tesama, frère de Négousié, qui commandait la province de Tallemte, et qui fut accusé de l'avoir laissé accabler par une basse jalousie née de rivalités militaires. Les correspondances anglaises, favorables au négus Théodore, firent connaître en Europe ce Waranya comme un troisième prétendant qui avait réussi aussi à presque annuler le pouvoir de Négousié. Les partisans de ceux-ci, à leur tour, faisaient courir les bruits les plus sinistres sur Théodore. Les uns disaient qu'il était mort du choléra, qui sévissait alors avec fureur dans toute l'Abyssinie, où il avait pénétré par Gallabat. Les autres prétendaient qu'il était devenu fou, et que ses officiers avaient dû l'enfermer ; d'autres enfin ajoutaient que, dans un accès de frénésie, il s'était ouvert le bas-ventre d'un coup de poignard. Ce qui semblait autoriser toutes ces rumeurs, c'est que pendant quelques jours le négus, souffrant et préoccupé, s'était enfermé dans sa tente et avait refusé de se montrer à qui que ce fût.

Le parti tigréen n'épargnait rien, ni bruit injurieux, ni chansons satiriques. L'une de ces dernières faisait allusion à l'histoire du démon du lac, racontée plus haut, et répondait ainsi aux proclamations de Théodore :

« Tu as dit que chacun retourne à la maison et au pays de ses pères.

« Eh bien ! rentre dans tes rochers de Kouara, et que le démon rentre sous les eaux ! »

Le moment était venu où la question allait entrer dans une phase nouvelle fort délicate à raconter. Le lecteur comprendra les raisons qui, sans nuire à la véracité de mon récit, m'imposent quelques réticences.

Du fond de sa retraite de Halaï, M. de Jacobis attendait patiemment l'occasion de porter un coup sérieux à un pouvoir persécuteur qu'il n'avait, on le sait, jamais reconnu. L'affaire du Tigré lui parut vigoureusement montée, et il n'hésita pas à y entrer et à y donner une direction politique et religieuse qui lui manquaient en-

core. Pour sonder le terrain, il envoya à Negousié un agent obscur chargé de lui demander,
maintenant qu'il possédait la totalité des anciens domaines d'Oubié, la liberté religieuse
qu'Oubié avait spontanément accordée aux catholiques. Cette ouverture, qui n'avait rien de
compromettant, fut bien accueillie du jeune
prétendant, qui vit bien vite le parti qu'il pouvait en tirer : il répondit par les assurances les
plus bienveillantes, mais ne s'engagea pas non
plus au delà de ce qui était nécessaire, et invita
M. de Jacobis à rester encore quelque temps à
Massaoua, sous prétexte que l'entrée en Abyssinie pendant les pluies pouvait compromettre
sa santé.

Peu après, M. Chauvin Belliard, agent consulaire de France à Massaoua, reçut la visite
d'un envoyé de Négousié, venant demander
pour son maître l'appui moral de la France. Le
consul le reçut fort bien, et le présenta au kaïmakan, avec lequel il était alors en assez mauvais termes. Le gouverneur demanda à l'Abyssin si Négousié comptait vivre en bonne intelligence avec la Porte. Le *melektenya*, qui avait
vite compris la situation, répondit avec l'orgueil et la raideur que l'Abyssin ne perd jamais
devant le musulman : « Mon maître est ton

ami, si tu es l'ami du consul de Napoléon : sinon il brûlera ta ville d'Arkiko comme de la paille. »

Deux mois après, le consul vint rendre visite à Négousié à Diksan, sur la frontière, et fit ainsi le premier pas qui engagea le gouvernement français dans la question d'Abyssinie (octobre 1857). M. Chauvin Belliard était un homme d'esprit et d'imagination vive : endoctriné par M. de Jacobis, il épousa chaudement la cause de Négousié, qui reconnut ce concours inespéré par les attentions les plus flatteuses.

Pendant les quelques jours qu'il passa à Diksan, on amena au camp Waranya, qui avait fini par se faire battre et se laisser prendre. Chargé de fers, il fut amené à Négousié au moment où celui-ci venait de se mettre à table. Selon l'usage abyssin, Waranya, portant une lourde pierre sur la nuque en signe de componction, vint se prosterner devant son vainqueur. Celui-ci le fit asseoir, mais le prisonnier, avec la finesse des gens de sa race, avait tout de suite compris que sa grâce ne perdrait rien à être confirmée par le consul, et, se tournant vers celui-ci, il lui demanda humblement pardon. « Si j'avais été le roi, dit M. Chauvin Belliard, avec une feinte brusquerie, on t'aurait déjà pendu. » Puis en signe d'oubli du passé, il lui tendit son *berillé*. Toutefois, en sortant, il ne put s'empêcher de dire, en parlant de Négousié : « Cet homme est trop clément : il ne règnera pas. »

Ce qui prouve combien peu cet agent, nouvellement arrivé dans le pays, connaissait l'esprit général de l'Abyssinie, c'est qu'il crut donner à Négousié un excellent conseil en l'engageant à recourir aux Turcs ou aux Egyptiens pour en obtenir des troupes régulières ou des armes perfectionnées. Tout porte à croire que le prétendant, esprit indécis, mais Abyssin jusqu'au fond de l'âme, ne s'arrêta pas une minute à cet étrange projet, qui l'eût perdu à coup sûr et livré dans l'avenir à l'exécration publique. Son habile ennemi eût saisi cette occasion de le représenter au pays comme un nouveau Mohammed-Gragne, et tous ceux qui le regardaient jusque là comme un usurpateur se seraient rangés avec empressement sous ses ordres, du jour où il se fût posé comme le champion de la foi contre les infidèles.

Quoi qu'il en soit, le gouvernement français, qui recevait d'Abyssinie des informations d'une exactitude contestable, adopta une ligne de conduite qui a été vivement critiquée plus tard, mais qui était alors la seule possible, du moment qu'il ne voulait pas assumer la responsabilité d'une intervention dans une question mal connue. Il reconnut Théodore II, roi de l'Abyssinie centrale, Négousié, roi du Tigré, et tout en ouvrant des relations avec le second, resta en termes courtois avec le négus, qui ne s'y trompa point, mais n'en conserva pas moins des relations amicales avec le consul de France. Cette politique, s'appliquant à un pays plus connu, eût pu être taxée d'indécision : dans le cas présent, elle était, il faut en convenir, la seule logique, humaine, circonspecte.

Pour confirmer ces bonnes dispositions, Négousié, sur l'avis de M. de Jacobis, envoya en France une ambassade composée d'un sien parent, d'un prêtre indigène et d'un missionnaire italien, homme de savoir et de mérite, vivant dans le pays depuis vingt ans et fort apte à servir aux envoyés de cicerone et de drogman. Ils allèrent d'abord à Rome, où leur cause fut chaudement épousée et où la chancellerie pontificale leur remit un bref extrêmement élogieux pour Négousié. Cette pièce que j'ai eue en mains n'a jamais passé sous les yeux du destinataire : nouvel exemple des intrigues inexplicables qui s'agitaient autour de ce malheureux.

A Paris, les envoyés furent courtoisement reçus, mais le gouvernement français ne voulut point s'engager au-delà du point que j'ai indiqué. Selon l'usage oriental, ils offrirent à l'empereur un produit de l'industrie nationale : c'était une selle richement ornée, qui était à elle seule toute une histoire.

A peine sur le trône, Théodore avait songé à entrer en relations directes avec la France, et dans cette pensée, il avait ordonné aux orfèvres impériaux d'Adoua, Kokeb et Ouarkèt, de lui fabriquer une selle digne d'être offerte en présent de souverain à souverain. Les artistes s'étaient mis à l'œuvre; puis, surpris par la révolte du Tigré, ils déposèrent la selle dans un *ghèdem* (lieu d'asile) jusque-là inviolé. Négouvié, n'ayant pas le temps d'en improviser une, songea à celle de son rival, et donna l'ordre à Belatta Desta, gouverneur d'Adoua, de la saisir et de la consigner à M. de Jacobis, ce qui fut fait malgré les protestations énergiques des prêtres chargés de la garde du *ghedem*, et les réclamations de Kokeb et de Ouarkèt que Négousié renvoya ironiquement « à Kassa leur patron. » Celui-ci pardonna difficilement au prétendant cet escamotage , et par un décret spécial il le fit appeler, dans les actes officiels, *lebha Négousié* « Négousié le voleur. »

En attendant, l'ambassade remplissait à Paris (1) l'objet principal de sa mission, qui était de régulariser la cession à la France des îles de Desset et Ouda, voisines de Massaoua, ainsi que du port de Zoula, l'ancienne et célèbre Adulis des Ptolémées. M. de Jacobis poussait cette affaire avec une ardeur passionnée que n'approuvaient pas ses supérieurs, désireux d'éviter le reproche d'ingérence des missionnaires dans la politique. Tous n'avaient pas ce scrupule, à commencer par le capucin-drogman, qui fit inutilement les plus vives instances aux envoyés pour les engager à détourner les sympathies de Négousié pour la France et à les diriger vers le nouveau royaume d'Italie : se

(1) Un incident intéressant se rattache à cette ambassade : je le tiens de l'un des envoyés eux-mêmes, le prêtre Abba Emnâto. Lors de sa première audience aux Tuileries, rémarquant les yeux de l'empereur Napoléon fixé sur la croix pastorale d'un dessin fort original qu'il portait au cou, il le pria de vouloir bien accepter cette croix comme une curiosité de son pays. A son audience de congé, l'empereur prit sur son bureau un petit paquet enveloppé et le lui tendit en lui disant : « Je vous remercie de cette croix que vous m'avez offerte, mais je me reprocherais de vous en priver. » Rentré chez lui, Emnâto reconnu qu'à sa croix de cuivre avait été substituée une copie très-ressemblante, mais en or et montée en diamants.

faisant fort, au cas où Négousié voudrait offrir à Victor-Emmanuel le protectorat sur l'Abyssinie, d'obtenir pour lui, de Turin, douze canons et mille fusils. Je n'ai pas besoin d'ajouter que le gouvernement italien n'était pour rien dans ces manœuvres excentriques.

Le succès diplomatique de Négousié avait besoin d'être appuyé d'une vigoureuse action militaire. Les provinces au nord du Mareb étaient encore au pouvoir de dedjaz Haïlo, prince héréditaire de ce pays et tout dévoué à Théodore. Il s'y croyait bien à l'abri d'une attaque de la part du prétendant, séparé de lui par deux provinces et la rude vallée du Mareb : mais il avait compté sans un de ces coups de foudre stratégiques jusqu'alors inconnu, en Abyssinie, et que, depuis huit ou dix ans, Théodore II a rendus familiers. Négousié arriva en un jour (septembre 1858) de Diksan au cœur du Seraoué, par une marche de quinze heures à travers un pays sauvage et prodigieusement accidenté : il écrasa Haïlo dans un seul combat, près Sahzega, lui tua son fils Tesfa Zion, jeune chef populaire et qui donnait de brillantes espérances, et le chassa lui-même dans les *voïna dega* (plateaux moyens) des Bogos : puis il soumit le Seraoué, la Hamazene et le Dembelas sans coup férir. Les belliqueux habitants de la *kolla* de Kouayn essayèrent de lui résister ; retranchés sur une montagne inaccessible de front, ils défiaient l'envahisseur et battaient leur *nagarit* (tambour de guerre) jusqu'au moment où un corps d'élite, tournant la position, les surprit et en fit un massacre terrible.

Le négus cependant ne perdait pas de temps. Son agent au Tigré, le docteur Schimper lui écrivait d'arriver au plus vite et lui donnait la nouvelle (absurde, mais qui mit toute l'Abyssinie et le Soudan même dans une vive inquiétude) que 12,000 Français avaient débarqué à Massaoua. Théodore II fut sans doute mieux informé par ses agents de Massaoua même, car s'il avait cru à l'arrivée d'un seul bataillon français, il se serait bien gardé de s'y heurter : mais il savait les relations de la France avec son ennemi, et comme pour jeter un défi à l'Europe et à la civilisation entière, il révoqua son décret contre l'esclavage, rouvrant ainsi cette plaie sauvage qui déshonore jusqu'à ce jour l'empire abyssin. Puis il se rendit en hâte dans le Tigré. Négousié voulait l'attendre et lui livrer bataille : les généraux tigréens ne le lui permirent pas. Malgré leur bravoure incontestable, ils subissaient malgré eux l'ascendant de l'heureux soldat qui

s'était lui-même déclaré l'homme providentiel.
Négousié, entraîné, quitta son camp de Haouzène, passa le Mareb, et prit position à Adde
Mougonti, au nord du Seraoué, point avantageux pour la défense aussi bien que pour la
fuite en cas de malheur. Théodore le suivit à
distance, évitant de le serrer de trop près et
prouvant, par cette circonspection tout à fait en
dehors de ses habitudes, la haute idée qu'il
avait des ressources ou de l'habileté de son
ennemi.

Ce fut dans ces malencontreuses circonstances
qu'arriva à Massaoua M. de Russel, officier
distingué de la marine française, chargé de se
mettre en rapport avec Négousié et de régulariser l'acquisition de Dessi. Sa mission produisit
une vive sensation comme il arrive en Orient
dans toute circonstance où le nom de la France
est prononcé. Le bruit déjà mentionné qu'un
corps Français avaient débarqué à Massaoua
exalta au plus haut point l'espoir des Tigréens.
Une vieille tradition, populaire dans ce pays,
disait « que les Francs devaient venir conquérir
l'Éthiopie, qu'ils entreraient par le Hamazène
et camperaient dans la plaine d'Ad-Iohannis. »
Cette légende était corroborée par une religieuse native de Godjam, vivant dans le Hama-

zène où elle s'était fait un grand renom de sainteté et de prophétie, et qui disait publi-quement « que le nouveau maître de l'Abys-sinie allait arriver par la mer Rouge. » Grand fut le désappointement quand on vit l'envoyé français, suivi de six marins seulement, arriver à Halaï où il s'arrêta, et où, mal entouré et mal informé, il perdit un temps précieux à des formalités d'étiquette et donna le temps aux théodoristes de s'organiser. Les milices du Kol-lagouzay, sous les ordres du chef de Diksan, cer-nèrent Halaï, sans toutefois recourir à la vio-lence. Il y eut des scènes tumultueuses à Halaï parmi les Tigréens qui se crurent trahis : le drapeau français fut foulé aux pieds. M. de Russel et ses hommes montrèrent beaucoup de résolution et de présence d'esprit, mais en-tourés d'ennemis, ils durent céder et descen-dirent précipitamment de nuit le Taranta, d'où ils regagnèrent Massaoua (février 1860).

Alors Négousié, perdant tout espoir de se mettre en relations avec l'agent français, des-cendit dans la vallée du Mareb et suivit la rive droite de ce petit fleuve, se dirigeant vers le fouillis montagneux du pays des Changalla, qui dépend nominalement du Tigré, mais qui est habité par des nègres belliqueux à peu près indépendants. Théodore II, décidé à lui couper la retraite, laissa Axum et le Tigré à sa droite et descendit vers le Mareb par le plateau d'Addi-Abo, très-bonne position qui commande à la fois le Mareb et le Takazzé : mais quand il arriva dans les basses terres, l'ennemi était passé, et le négus, qui hésitait à hasarder une bataille et à exposer ses troupes à périr dans ces terres aux miasmes meurtiers, dut se borner à le suivre à une journée de distance. Négousié, après avoir reculé jusqu'au pied du mont Beurkouta et s'être mis en rapport, avec le partisan Oued Nimr dont je parle ailleurs, remonta dans les hautes terres par le Tagade et le Voggara. Pour retenir son armée, que les désertions avaient réduite de moitié, il lui abandonna toutes les provinces qui avaient conservé quelques ressources. Ainsi son frère Tesama se jeta sur le Semen et le dévasta pour la seconde fois. Un autre corps d'armée, commandé pas Salou Tesama en fit autant au Ouolkaït. Le principal corps, où se trouvait le prétendant en personne, saccagea le Tigré, laissant en arrière une troupe de trois cents soldats, conduite par l'*alaka* Guebra Mikaël et avec laquelle marchaient les aventuriers européens à la solde du prétendant. Cette troupe s'établit à Maï Talo, dans le nord du

Semen, ravagea tous les environs et fusilla six malheureux paysans qui voulaient s'opposer à l'enlèvement de leurs grains.

Cette campagne enleva à Négousié le peu de sympathies qu'il pouvait encore conserver dans le Tigré. Ses soldats y avaient commis des barbaries révoltantes : ils avaient réduit le paysan à la misère le plus abjecte, et celui-ci, poussé par le désespoir, se vengeait en massacrant en détail les soldats isolés, les traînards, parfois les simples voyageurs. Les passages mal famés étaient pleins de ces malheureux, nus, hâves et maigres, plus souvent armés de bâtons que de lances et de *goradès* (sabres).

Les troubles du Tigré ne pouvaient manquer d'avoir leur contre-coup aux bords de la Mer-Rouge. Les fonctionnaires de la Sublime-Porte en observaient les diverses phases avec une satisfaction évidente, surtout le gouverneur de Massaoua qui se rappelait le fameux mot de Théodore : « mon empire va jusqu'à la mer, » et voyait dans l'unité de l'Abyssinie une menace sérieuse pour la domination turque en Afrique. Il crut donc faire acte de haute politique en favorisant de tout son pouvoir cette anarchie des provinces orientales qui faisait la sécurité des colonies ottomanes de Saouaki et de Massaoua, et ce machiavélisme lui souriait d'autant plus, qu'il devait lui rapporter d'énormes bénéfices, comme on va le voir.

La publicité habilement disciplinée par M. de Jacobis et par ses agents avait porté ses fruits en Egypte aussi bien qu'en Europe. Sur les places d'Alexandrie et du Caire, on était convaincu que Négousié était le souverain légitime d'Abyssinie, que le sort de la guerre se décidait en sa faveur, et son crédit financier gagnait à ces rumeurs. Diverses maisons plus ou moins importantes firent des expéditions d'armes pour le Tigré. Leurs agents, en arrivant à Massaoua, apprirent qu'ils avaient été trompés, et qu'en face de Théodore qui se fortifiait, le kaïmakan de la Porte n'osait enfreindre ouvertement le réglement qui défend le transit des armes pour l'Abyssinie. Pour tourner la difficulté, voici ce qu'ils imaginèrent. Ils vendirent leurs cargaisons à moitié prix à un certain Badginet, grand marchand indigène, qui les faisait passer en contrebande à Négousié à des prix fort élevés, et réalisait de très-beaux bénéfices. Mais la Porte, qui entendait faire observer loyalement la neutralité, eut vent de ces opérations et apprit que Badginet n'était que le prête-nom du gouverneur qui fermait les yeux sur les entrées et les sorties, et trouvait dans sa complicité une source de gains rapides. Le gouvernement turc fit procéder à une enquête sérieuse, à la suite de laquelle le kaïmakan et un de ses complices furent envoyés aux galères. Ainsi finit cette honteuse affaire qui compromit gravement des Européens qu'on pouvait s'étonner d'y voir mêlés. Théodore eut ainsi de la Porte une satisfaction entière et spontanée qu'il était trop fier pour demander à un gouvernement musulman.

Vers la même époque, l'insurrection du Tigré perdit son véritable chef, l'indomptable prélat qui avait été l'âme de tout le mouvement. M. de Jacobis mourait près de Massaoua, victime d'une insolation aggravée par son âge et ses fatigues, dirent les hommes de l'art, mais victime surtout de ses espérances déçues et des violentes émotions qui l'avaient assiégé. On peut, comme nous l'avons fait, blâmer sa conduite politique : mais on ne peut refuser une sympathie émue à cet homme éminent, moins né pour l'église que pour la grande diplomatie et qui avait usé, dans une lutte à contre sens, d'aussi éminentes facultés. En lui Théodore perdait le seul ennemi qu'il eût rencontré de taille à balancer sa fortune. Ils étaient assez grands pour s'entendre, et leur concours eût eu sur l'avenir politique et social de l'Abyssinie la plus heureuse influence. Mais ils marchaient dans des voies différentes, avec des natures un peu identiques, absolues, emportées et dédaigneuses des obstacles : ils devaient se heurter violemment. L'évêque succomba. Théodore, que les événements ont confirmé dans son idée favorite : « Dieu frappe tous ceux qui se trouvent dans mon chemin, » n'a jamais refusé à son fier adversaire le tribut d'estime respectueuse qu'il lui devait.

Le successeur de M. de Jacobis n'avait de lui que la haine pour Théodore, mais nullement son esprit de suite et sa puissante volonté. Caché à Massaoua, il assista de loin et sans danger à la catastrophe finale. Les prêtres catholiques, placés par leurs supérieurs autour de Négousié, parvinrent, après la défaite, à gagner la frontière et demandèrent à se réfugier à Massaoua : Mgr B*** le leur refusa sèchement, en leur faisant dire que, comme indigènes, ils avaient des chances suffisantes d'échapper à la police vindicative du vainqueur. Ces malheureux se réfugièrent dans une épaisse forêt au sommet du mont de Koudovridjena, à deux journées d'Adulis et à trois heures de Halaï : ils s'y bâtirent une sorte de gourbi où des paysans compatissants venaient leur apporter à manger.

Chaque nuit, les lions venaient rugir la faim autour de leur *zeriba*, et dévorèrent à côté d'eux un âne qui leur servait à faire leur provision d'eau au torrent voisin. Ils passèrent plusieurs semaines dans cet étrange ermitage que j'ai visité en mai 1864, et qui m'a fait bien de muettes confidences que j'épargne à mes lecteurs.

Je reprends l'ordre des faits que j'ai un peu interverti dans cette dernière page.

Pendant que Négousié passait le printemps de 1860 près d'Axum, dans l'immobilité et l'indécision, Théodore revenait vers Gondar, et reprenait sa position favorite d'Ambadjara, au sud-est de cette ville.

Il y avait amené son ami, M. Plowden, qui avait d'abord voulu s'y faire accompagner d'une maîtresse à laquelle il était très-attaché; mais le négus, guidé par des scrupules de convenance qu'il a bien oubliés depuis, lui fit comprendre que cela l'offenserait gravement, et le consul se résigna à renvoyer la femme à Gondar. Puis au bout de quelques jours de solitude, il n'y tint plus et partit sans permission pour la rejoindre. En arrivant près d'Azazo, se voyant poursuivi par un cavalier du chef insurgé Garet, il voulut gagner de vitesse et se jeter dans le cou-

vent qui est un lieu d'asile inviolé en Abyssinie;
mais il souffrait beaucoup de sa jambe mal
guérie, et le soldat le rejoignit sans peine et le
somma de se rendre. Plowden, sans répondre,
porta la main à son revolver, ce que voyant l'insurgé, il lui porta un coup de lance qui lui
ouvrit le flanc et le renversa; puis, aidé de ses
camarades, il s'empara de lui et l'emmena à
son bivouac d'où on le força à écrire à sa maîtresse de faire envoyer dans les trois jours une
rançon de 2,000 talaris, faute de quoi il serait
mis à mort. La femme se hâta de réunir la
somme et de la faire porter aux rebelles, de
sorte que le blessé fut relâché et amené à Gondar; mais la blessure était trop grave, les entrailles sortaient; il mourut le surlendemain de
son arrivée (mars 1860).

Le négus aimait Plowden et fut désespéré de
sa mort, qu'il jura de venger. Il fit faire au dé-
funt des obsèques splendides et somma Garet
de lui remettre le meurtrier. Garet répondit
qu'il était désolé de la mort du consul, qu'il
eût donné beaucoup pour éviter ce malheur,
mais que son honneur de *mokonnen*, de gentilhomme abyssin, lui défendait de livrer un de
ses hommes. Le consul, du reste, n'était re-
gretté que du négus. Les nobles jalousaient son

influence ; le peuple, aux dépens duquel il vivait avec ses cent domestiques, qui dévoraient la substance du paysan à force de réquisitions journalières, reçut avec une grande joie la nouvelle de sa mort.

Après la fin des pluies, le négus quitta Devra-Tabor et marcha sur Gondar, menaçant et sombre. Quelques armes qui furent découvertes chez des gens suspects, lui fournirent un prétexte pour épouvanter la ville par de sanglantes exécutions ; puis il marcha sur le Woggara, à la poursuite de Garet, qui descendit jusqu'au petit plateau de Tchober, et demanda du secours à Tesama, frère de Négousié, qui, on ne sait pourquoi, peut-être par jalousie contre Garet qui passait pour un des brillants paladins d'Abyssinie, eut la fatale idée de refuser. Garet résolut de risquer une sorte de duel où sa bravoure personnelle lui assurait certaines chances meilleures : et ayant reconnu (à l'aide d'une excellente lunette qui avait appartenu à Plowden) le négus qui s'approchait suivi d'un groupe d'officiers, il jeta violemment à terre la lunette qui se brisa, fit le geste d'un homme qui va jouer son va-tout, et, suivi lui-même de son frère et de quelques amis, il se lança au galop contre Théodore. Arrivé à demi-portée, il épaula rapidement son fusil, visa le négus et tira. Théodore s'effaça et en fut quitte pour une légère blessure à l'épaule.

En ce moment, le *likamankuas* Bell, voyant son maître en danger, fit quelques pas pour le couvrir, ajusta Garet et le renversa roide mort d'une balle au front; mais à l'instant même il tombait le flanc traversé d'un coup de lance. Un autre coup, porté par le frère de Garet, lui perça l'œil et l'acheva. Théodore ajusta à son tour et tua le jeune Garet. Ce duel rapide et sanglant fut toute la bataille. Les gens de Garet, consternés, posèrent les armes, et le négus les emmena prisonniers à son camp de Dobarik, dans les hautes terres. Ce fut là que sa fureur comprimée éclata et se manifesta par la plus effroyable boucherie qui eût encore déshonoré son règne. Les prisonniers de Tchobar, au nombre de 1,700, furent mis en pièces et leurs cadavres laissés sans sépulture, dans cette plaine que j'ai trouvée, près de trois ans plus tard, encore semée de crânes blanchis.

Il y eut dans cette exécution des épisodes étranges et qui peignent bien le caractère abyssin. Un des révoltés, qui avait eu les bras et les jambes coupées, fit cette confession étrange : « Étant soldat, je suis entré un jour chez un *balagher* (paysan) et je lui ai demandé à boire et à manger. Il m'a donné une jarre de bière et trente pains ; quand je les ai eu mangés, je lui en ai demandé d'autres. Il m'a répondu qu'il n'en avait plus. Je lui ai dit : « Vas-en chercher chez tes voisins. » Il m'a dit : « Monseigneur, tous mes voisins ont aussi des soldats établis chez eux et ne pourraient me donner même un seul pain. » Sur cette réponse, j'ai égorgé ce *balagher*, et sur son cadavre, j'ai violé sa femme et je l'ai égorgée aussi, puis je suis sorti. Je suis heureux, en ce moment, des souffrances horribles que j'endure, et je désire qu'elles ne finissent pas de si tôt, car j'espère qu'elles pourront servir d'expiation à mon crime et que Dieu me recevra alors en sa miséricorde. »

Le négus aimait Bell d'une amitié passionnée ; c'était probablement le seul homme en qui il ait jamais eu une confiance absolue. Quelques mois après cette tragédie, un voyageur anglais lui montrait un stéréoscope avec quelques vues, dont une le frappa particulièrement : c'était le *Cimetière de Melegnano*, après le combat de juin 1859, où l'on voit un homme debout contemplant un monceau de cadavres. Le négus demanda l'explication de cette scène ; on lui dit

que c'était un homme qui pleurait sur les cadavres de ses amis morts dans la bataille. Théodore II écarta vivement le stéréoscope. « Moi
aussi, dit-il, j'ai perdu mes meilleurs amis, je
suis seul à présent. Ah ! laissez-moi pleurer ! »
Et il se mit à fondre en larmes.

La crise approchait. Théodore s'y préparait
avec une activité taciturne et sombre, qui con-
trastait avec l'indécision et le décousu de toutes
les opérations de Négousié. Le quartier-général
des Tigréens, sorte de camp volant entre Adoua
et l'Haouzène, était devenu un théâtre d'intrigues et de rivalités bruyantes ; il s'était de plus
enrichi d'un certain nombre d'aventuriers français, attirés par le bruit qu'une certaine presse
en Europe avait fait autour du nom de Négousié.
C'était le cortége ordinaire des fondeurs de canons problématiques, d'officiers instructeurs
oubliés dans les annuaires militaires, de con-
structeurs de chemins de fer en quête d'avances ;
il n'est pas jusqu'à un de ces « instituts » extra-
officiels dont Paris pullule, qui n'ait envoyé à
ce pauvre prétendant africain un diplôme de
grand-maître luxueusement gravé, avec une
lettre d'envoi où il était appelé un des bienfai-
teurs de l'humanité. Cette curieuse pièce tomba
aux mains de Théodore, qui fut mortifié d'ap-

prendre que son rival était président de l'Institut de France. Je me suis empressé de mettre fin à ce malentendu ridicule, en affirmant que cet institut là ne siégeait pas au bout du pont des Arts.

Le commerce était mort, les paysans n'osaient plus fréquenter les marchés, périodiquement saccagés par les bandes de Négousié.

La ville même d'Adoua fut ensanglantée par un conflit étrange. Cette ville avait pour gouverneur un chef de Zâlha, nommé Goldja, qui avait fait la guerre du Choa sous les ordres de Théodore II, mais qui, mécontent de l'exiguïté du fief qu'il avait eu du négus, avait passé à Négousié et en avait reçu la vice-royauté de tout le bas Tigré. Or, il advint qu'un chef rebelle du Haramat se réfugia dans l'enceinte de Saint-Michel d'Adoua, lieu d'asile fort vénéré. Goldja voulait l'y faire arrêter, mais il en fut détourné par les supplications des debteras du lieu et se borna à les rendre responsables de la personne du fugitif. Les debteras, au mépris de leur parole, ayant fait évader le proscrit, Goldja les fit arrêter, mettre aux fers et exposer quelques heures au soleil, supplice ridicule et douloureux qui exaspéra ces lettrés et leur fit résoudre la perte du gouverneur. Celui-ci fut averti qu'il se tramait quelque chose entre les debteras et certains chefs ennemis, comme Ghebra Ezghi de Haramat, Enghedda d'Axum et autres, mais il répétait invariablement le mot qui perd les plus forts : *Qui oserait?* Une nuit, il fut attaqué par les conjurés à la tête des paysans théodoristes, au pied du mont Chelloda, se battit fort bravement, fut accablé par le nombre et égorgé. Au moment même où il succombait, arriva son fils Kassa Goldja, très-brave guerrier qui était parti pour une expédition dans l'Adderbati, et dont l'absence avait offert aux conjurés l'occasion cherchée. Il dut céder le terrain, mais non sans avoir vengé son père par la mort d'un des meurtriers.

Toute l'année 1860 se passa sans hostilités sérieuses. Le négus semblait encore douter du succès, et vouloir traiter avec ses deux ennemis les plus redoutables, Négousié et Tedla Gualu. Il leur fit proposer de leur laisser en fief les deux provinces qu'ils occupaient, à condition qu'ils le reconnussent et payassent un tribut. Ce qui devait en effet lui tenir le plus à cœur, c'était la reconnaissance de son titre royal. Négousié, vice-roi à peu près indépendant du Tigré, et renonçant à se faire appeler négus d'Éthiopie, n'était guère plus propre à lui porter ombrage que le balambras Guelmo, ou tout autre grand vassal retranché dans son inexpugnable montagne. Négousié répondit qu'il avait accordé avec serment divers fiefs à des chefs qu'il nomma, et que l'honneur lui défendait de revenir sur sa parole. Tedla Gualu répondit à peu près la même chose, mais il ajouta le persiflage au refus. « J'ai donné, dit-il, le Tigré à mon ami Négousié, Semen, le Lasta, le Beghemder à tels et tels : quant à la route de Gondar au Bachilo, je la laisse en fief à *djan-hoï* (à sa majesté), qui est toujours sur les grands chemins. »

En janvier 1861, Théodore II se mit en campagne et marcha vers les montagnes du Tembèn, où campait Négousié. Les intrigues du négus, mêlées de promesses et de menaces, avaient déjà dissous cette malheureuse armée. La nuit qui suivit son arrivée devant le camp tigréen, on entendit avec épouvante un héraut impérial, monté sur une colline voisine et invisible dans les ténèbres, faire la proclamation suivante : « Voici ce que dit *djan-hoï*. «Je pardonne à tous ceux qui quitteront cette nuit le camp de *lebha-Négusié*, et je leur assigne trois ghedem (lieux d'asile), savoir : l'église d'Axum, celle d'Adoue, et mon propre camp. Quant à ceux que je trouverai demain sous les armes, qu'ils ne s'attendent à aucune merci. »

Le matin, Négousié n'avait plus autour de lui que ses fidèles Agaus et un petit nombre de Tigréens : la plupart des soldats s'étaient dispersés pour regagner leurs villages ; les chefs les plus compromis s'étaient retirés dans les deux églises déjà nommées. Le malheureux réunit, en versant des pleurs de rage, ses derniers défenseurs, fit avec eux une trouée dans l'armée ennemie, et se jeta dans les montagnes avec une vingtaine de cavaliers. Poursuivi chaudement, pendant chaque jour quelques hommes tués ou en fuite, il finit par être rencontré par des paysans qui le reconnurent à une dent brisée, et l'amenèrent à Théodore II, ainsi que son frère Tesama. Devant son vainqueur, l'ex-prétendant montra, dit-on, moins de dignité qu'on n'eût pu en attendre. Théodore, de son côté, sembla disposé à se montrer clément : il dit aux deux frères qu'il leur laisserait leurs fiefs, s'ils voulaient lui payer tribut, et leur fit servir un souper confortable. Les deux captifs s'endormirent pleins d'espoir, mais le lendemain le vent avait tourné.

A quelle circonstance faut-il attribuer ce changement ? je trouve dans une lettre écrite par un agent de Théodore au vice-consul de France que le vainqueur, qui avait d'abord incliné à la clémence, fut informé au dernier moment que Négousié avait appelé à lui les Gallas musulmans, en ce moment en pleine révolte contre Théodore. Cette coalition est très-vraisemblable, et, stratégiquement parlant, elle était très-justifiable : mais c'était une très-grande faute au point de vue de l'opinion publique, et devait rendre Négousié aussi odieux aux patriotes chrétiens d'Abyssinie, que le fut notre François Ier s'alliant aux Turcs après Pavie et déchaînant sur tout le midi chrétien les pirates de Barberousse. Ce fut une faute, même un crime, mais les malheureux vaincus l'expièrent cruellement. Les correspondants de la presse européenne, fidèles à leurs précédents, répandirent sur la fin de Négousié des bruits dramatiques : on prétendit qu'il avait été écorché vif, qu'on avait fait un tambour de sa peau : selon d'autres, il avait eu, avant le coup mortel, toutes les articulations brisées l'une après l'autre. La vérité est bien assez tragique par elle-même, sans nécessiter cette broderie sinistre.

Le négus ordonna de couper aux deux frères la main droite et le pied gauche, et, par un raffinement d'atroce barbarie, défendit de leur

donner un verre d'eau pour apaiser la soif brûlante qui suit toujours cette affreuse opération.
Tesama succomba le jour même : la robuste
constitution de Negousié le soutint plus longtemps, et l'on pense qu'il aurait guéri, si le négus avait permis de lui donner les soins qu'on
refuse très-rarement aux suppliciés. Le troisième jour, il réclama lui-même le coup de lance
qui mit fin à ses intolérables tortures.

Ainsi finit un homme dont le règne eût peut-
être été pour l'Abyssinie préférable à celui de
l'orageux grand homme sous la main duquel il
succomba. Sa mort, qui suivit de près celle de
ses principaux généraux, suppliciés à Axum,
malgré l'inviolabilité du lieu d'asile et la parole
donnée, fut imputée à la négligence de la France,
et a servi contre elle à bien des accusations : on
a pu voir si elles étaient fondées. Quant au vainqueur, le degré d'infatuation auquel il arriva
donne la mesure des inquiétudes que l'intervention française lui avait inspirée. Quand il entra
à Axum, après le supplice du vaincu, et qu'il reçut la tremblante députation du clergé axumite,
il prononça un discours où sont ces paroles, les
plus folles que jamais homme ait osé proférer :

« J'ai fait un pacte avec Dieu. Il a promis de
ne pas descendre sur terre pour me frapper, et

j'ai promis de ne pas monter au ciel pour le combattre. »

Au printemps de 1861, le négus Théodore II, vainqueur d'un soulèvement qui ne tendait à rien moins qu'à démembrer son empire, était arrivé au faîte de sa puissance matérielle et morale. Les difficultés extérieures n'existaient pas encore ; les résistances intérieures s'étaient effacées devant le prestige d'une victoire d'autant plus brillante qu'elle avait été plus disputée. Parmi les grands chefs indigènes, nul ne se sentait de force à relever le drapeau de Negousié ; il ne restait plus que deux amis du malheureux prétendant, qui, aux extrémites de l'Abyssinie, tâchaient de se faire oublier : c'étaient Télda Gualu dans le Godjam, et dans le Hamazène *dedjaz* Mered, qui avait vaillamment défendu cette province contre les grands officiers impériaux de la frontière. Mered sut si bien se cacher qu'à partir du mois d'août 1861 on ne le voit mêlé à aucun des événements politiques de l'empire, et le négus finit par lui accorder généreusement son pardon. Quant à Tedla-Gualu, sa résistance devait être plus sérieuse, mais ne se manifestait pas encore au moment dont nous parlons.

Porté par un courant d'opinion irrésistible. salué comme le représentant de l'ordre et de l'unité de l'empire, Théodore II était dans une situation des plus favorables pour appliquer à son peuple des emprunts faits à l'Europe avec prudence et discernement. Le petit nombre d'hommes qui s'intéressaient chez nous aux affaires de l'Abyssinie s'attendaient certainement à voir surgir à Gondar un Pierre le Grand afri- cain. Songea-t-il lui même sérieusement à jouer ce rôle? Il est permis d'en douter, quand on se rappelle ses commencements. Le négus se per- suadait à tort que l'Abyssinie était assez riche de son fonds historique pour puiser dans son passé les éléments de son progrès futur. Ce système, qui flattait vivement le patriotisme abyssin, ne pouvait être combattu que par l'in- fluence d'un conseiller européen intelligent, dévoué, assez courageux pour dire en face au négus la vérité, assez aimé de lui pour la lui faire accepter. Radama Ier, à Madagascar, avait trouvé un pareil homme dans un simple matelot breton, Coroller, qu'il fit prince de Tamatave, et lui avait dû en partie sa grandeur. La mort de M. Bell avait malheureusement enlevé à Théodore le seul homme qui aurait pu lui ren- dre les mêmes services. La politique du négus, livré à lui-même, s'appuie donc sur cette base, que la renaissance de l'empire abyssin exigeait la revendication des anciennes frontières, — utopie presque aussi irréalisable que le serait pour la Turquie la revendication de ses limites de la fin du seizième siècle. Ce programme devait l'armer nécessairement contre un gouvernement bien organisé, l'Égypte, et contre un peuple mal organisé, mais tenace et belliqueux, les Gallas.

Les causes de rupture avec l'Égypte étaient nombreuses, et tenaient surtout à des circonstances géographiques. La nature avait nettement tracé la limite des deux États; mais au pied du dernier gradin qui mène au plateau abyssin, sous la latitude de Khartoum et de Massaoua, vivent cinq ou six tribus de pasteurs descendus de l'Abyssinie il y a deux ou trois siècles, probablement par suite d'un accroissement excessif de population, et qui reconnaissent nominalement la suzeraineté de l'empire éthiopique, *manghesta Aithiopiya*. Les Turcs, conquérants de la Nubie en 1820, ont profité de la position excentrique de ces tribus, bien plus voisines des garnisons égyptiennes que de Gondar, pour les assujettir à leur joug. Saïd-Pacha, en 1856, avait promulgué en leur faveur une série de règlements sages et protecteurs que la rapacité des agents égyptiens fit passer à l'état de lettre morte, et les populations, à qui l'administration éclairée et vraiment civilisatrice d'Arakel-Nubar (1) et de son successeur Hassan-Bey, avait fait espérer des jours meilleurs, retombèrent entre les mains de satrapes vénaux , et virent les impôts et les réquisitions se grossir arbitrairement chaque année. De là une sympathie chaque jour croissante pour le gouvernement de Théodore ; mais les préfets abyssins de la frontière, au lieu de nourrir ces bonnes dispositions en vue des éventualités à venir, protestant à leur façon assez stérilement contre la conquête musulmane en frappant ces malheureuses populations d'un pays aussi vaste que le Portugal de razzias fréquentes, rapides et meurtrières. Pour comble d'embarras, il s'est établi au beau milieu de ces peuplades, à sept étapes de Gondar, un camp de réfugiés égyptiens commandés par un homme très-connu dans l'Afrique orientale, Oued-Nimr, le fils de ce *roi-panthère* dont nous avons raconté, il y a trois ans (2), la dramatique existence. Héritier

(1) Frère de ce Nubar-Pacha que la question de l'isthme de Suez amenait récemment à Paris. Arakel-Nubar est mort préfet de Khartoum il y a six ans.

(2) Voyez la *Revue des Deux Mondes* du 15 février 1862.

fidèle des haines paternelles, Oued-Nimr a réuni autour de lui, dans sa ville de Maï-Gowa, les nombreux Bédouins à qui le joug égyptien paraît trop dur à porter : il dirige d'incessantes razzias contre les tribus arabes soumises au vice-roi, et quand il se trouve serré de trop près, il monte sur le plateau abyssin, où le négus lui a donné le fief assez important de Kabhta (Cafta). En mai 1860, lors de mon arrivée en Afrique, Oued-Nimr, s'intitulant général au service du négus, avait fait un brillant coup de main contre la tribu des Choukrié, la plus puissante des tribus arabes du Nil, et avait réclamé, au nom de Théodore II, l'impôt de toute la Haute-Nubie. Le gouverneur de Khartoum avait répondu à cette bravade par une pointe hardie sur Maï-Gowa, qui avait été brûlé et Oued-Nimr, battu dans un combat sans importance, avait remis sa vengeance à des temps plus favorables. En résumé, l'attitude des deux États, Égypte et Abyssinie, était en 1861 celle de deux voisins fort aigris l'un contre l'autre, mais qui hésitent à ouvrir des hostilités sérieuses, et ne combattent guère que par des proclamations inoffensives.

Le grand souci du négus, c'était d'en finir avec les Gallas. J'ai parlé ailleurs de ce peuple mystérieux, frère de l'Abyssin par les traits du visage et par le caractère moral, et que les derniers voyageurs ont trouvé établi jusques sous l'équateur, au bord des lacs nilotiques. Sortis depuis trois siècles des plaines où coule le Webi (un immense fleuve demi fabuleux qui attend encore son *discoverer*), ils ont envahi comme une marée montante l'empire trop vaste des négus en décadence, et réduit à quatorze, le chiffre des quarante-deux *royaumes* dont s'enorgueillissait la monarchie. Ils y ont fondé à leur tour de nombreux États, monarchiques comme le Gouderou, républicains comme le Djimma, mais faibles par leur isolement et l'absence de tout lien fédératif. Au milieu de cette invasion barbare ont surnagé, comme des îlots ethnographiques, cinq ou six royaumes abyssins, à qui une tradition confuse conserve le nom de chrétiens, mais que leur séparation du grand tronc abyssin a rejetés vers la barbarie : ce sont entre autres le Gindjero, le Gouragué, le Kaffa, qui a donné son nom à la fève précieuse que l'Europe continue à lui acheter sous le nom impropre de café moka (1). Le négus, qui n'a jamais accepté la pres-

(1) On sait aujourd'hui que les cafés si vantés de l'Yémen proviennent de plants importés de Kaffa, d'où le turc *kanè* et l'arabe *kawa*. Ce que nous appelons *moka* est un produit

cription pour aucun des démembrements anciens
de l'empire abyssin, avait hautement annoncé
l'intention, quand les troubles civils seraient
apaisés, de reconquérir tous ces royaumes à
peine réels, le Gindjero, le Bahargamo et tant
d'autres, dont les noms errent sur nos cartes
au gré de mille hypothèses, et de rendre tributaires le Kaffa et l'Enarea. En attendant, il lui
fallait se rabattre sur la fraction du peuple galla
qui, entrée comme un coin dans les entrailles
mêmes de l'Abyssinie, était un obstacle permanent à l'unité territoriale : c'étaient les Ouollos,
déjà si rudement éprouvés six ans auparavant.
Après la mort d'Adara Billé, ils s'étaient organi-
sés sous la direction d'un ancien page du négus,
le jeune prince Béchir, chez qui le patriotisme
avait fait taire la reconnaissance. Béchir avait
profité des troubles du Tigré pour ravager sans
pitié les provinces chrétiennes. Théodore, dé -
barrassé de Négousié, marcha rapidement, dès
1861, vers la rivière du Bachilo, remporta quelques succès, mais s'enferra dans une guerre
de détails où l'ennemi, grâce à son excellente

apporté du pays galla (des états de Kaffa, d'Enarea, de Gouderou) par les grandes caravanes qui descendent en septembre vers les ports de la Mer-Rouge. Là le café est mélangé
avec une minime partie d'*yémen*, et le tout, par une routine
séculaire, est livré au commerce sous le nom de moka.

cavalerie et à un terrain défavorable à l'envahisseur, finit par avoir le dernier mot. Le négus dut reculer sur Devra-Tabor. Son énorme armée, mourant de faim et de fatigue, couvrit les routes de malades et de blessés. Les Ouollos déployèrent envers ces malheureux une générosité qui avait droit de les étonner : ils recueillirent, soignèrent et nourrirent les implacables ennemis qui venaient de brûler leurs villages et d'enlever leurs filles. Le négus, peu reconnaissant de cette magnanimité des « barbares, » répara son armée à la hâte derrière le Bachilo, rentra en 1862 chez les Ouollos, les usa par une guerre d'extermination, et se porta jusqu'au mont Kollo, traînant après lui 8,000 prisonniers auxquels il fit froidement couper la main et le pied : la plupart moururent des suites de cette affreuse mutilation. « Ce ne fut pas long, me disait un prêtre indigène : chaque soldat saisit son homme et le taillada comme un mouton. On n'avait jamais rien vu de pareil en Abyssinie. »

Quand Théodore repassa le Bachilo, il ne laissait derrière lui qu'un désert sanglant, couvert de ruines, parcouru par quelques bandes farouches, débris d'un grand peuple, qui eut aussi jadis un certain rôle historique. La vengeance était complète. Les femmes et les enfants avaient été distribués aux soldats, qui les vendirent aux musulmans : aussi cette année là, en mai, le grand marché d'esclaves de Metamma, sur la frontière égyptienne, fut-il largement approvisionné. Les hommes furent internés dans le centre de l'empire et employés aux travaux des routes. Ces routes sont à peu près le seul bienfait matériel dont le négus ait jusqu'ici doté l'Abyssinie. Déjà précédemment il avait fait exécuter, comme essai, un tronçon de route près de Devra-Tabor, et y avait fait travailler les soldats, qui avaient murmuré ; ce que voyant, Théodore était descendu de cheval, et jetant la toge brodée qui lui sert de manteau, il avait bravement saisi une lourde pierre et l'avait portée sur le côté de la voie. « Maintenant, avait-il dit, que celui qui est trop noble pour faire comme moi veuille bien me le dire! » Je n'ai pas besoin d'ajouter si l'exemple fut suivi. Plus tard, quand le négus eut employé les Gallas à ces travaux, il obtint un réseau de routes stratégiques bien faites, surtout entre Devra-Tabor et le fleuve Abaï. J'ai pu constater, à sa louange, que les Gallas, dont j'ai quelquefois visité les chantiers, étaient bien nourris, régulièrement payés, faisaient même des économies, et, en somme, paraissaient heureux. C'est à ses propres sujets que Théodore réservait le poids de ses rigueurs.

Le reste de l'année 1862 fut consacré à des opérations sans résultats au Godjam, contre l'opiniâtre Tedla-Gualu, qui, fort des sympathies de la province, vivait sans inquiétude sur l'*amba* de Djibela, l'ancienne forteresse de Beurrou-Gocho, pain de sucre à peu près imprenable qu'il avait encore fortifié. Djibela, entouré d'abîmes, ne communiquait avec le plateau voisin que par un sentier très-bas, où deux hommes ne pouvaient passer de front, et au-dessus duquel étaient suspendus trois ou quatre énormes rochers retenus par de fortes chaînes. Tedla leur avait facétieusement donné des noms de saints du calendrier. « Si jamais le *kuaranya*, disait-il, engage ses troupes sur ce sentier, je ne lui tirerai pas un coup de fusil : il me suffira de lâcher *saint Michel* pour balayer tout ce monde-là à cinq cents pieds dans le précipice. » Cette campagne, peu brillante militairement, coïncida cependant pour le négus avec des circonstances qui devaient avoir une grande influence sur son avenir.

V

Les premières relations diplomatiques entre l'Abyssinie et l'Europe remontent, comme on sait , au commencement du seizième siècle. Déjà, avant cette époque, les croisades et le commerce avaient répandu en Europe des notions générales assez exactes sur l'empire chrétien qui florissait au de là du tropique, entouré de voisins musulmans, puissants et belliqueux, dont il avait vigoureusement réprimé les agressions fanatiques. Le nom de *Prête-jan*, ou prestre-jean, donné aux négus et emprunté, par la plus bizarre des confusions géographiques, aux khans de Tartarie, rendait assez le caractère semi-sacerdotal de cette dynastie. La curieuse et célèbre mappemonde de Fra-Mauro, exécutée au quinzième siècle, nous prouve que dès cette époque les Vénitiens avaient obtenu sur l'intérieur de l'Abyssinie des informations supérieures en nombre (sinon en précision) à celles que nous ont données leurs successeurs jusqu'au siècle dernier.

La puissance, inouïe autant qu'éphémère,
qu'atteignit le Portugal dans les Indes Orientales
au temps d'Albuquerque et des Gama, inspira
aux négus, déjà en décadence et menacés par
les musulmans d'Adel et de Zeila, la pensée de
recourir à ces hardis étrangers. Un *melektenya*
abyssin fut envoyé à Lisbonne, et cette démar-
che amena l'envoi d'un corps d'armée peu nombreux, mais qui apportait aux Abyssins l'ap-
point inespéré des armes à feu qu'ils n'avaient
encore vues qu'aux mains de leurs ennemis.
L'empire fut sauvé : la reconnaissance des négus assura aux Portugais une influence politique
et morale qui pouvait, en les illustrant, amener
la régénération de l'Abyssinie. Malheureusement après les soldats, comme Christophe de
Gama, vinrent les brouillons et les sectaires,
comme Bermudez et Oviédo, qui réussirent à
fatiguer l'incroyable patience des Abyssins à
force d'intrigues, de persécutions religieuses.
et de prétentions politiques qui seraient incroyables, s'ils ne les avaient eux-mêmes avouées.
Bermudez, par exemple, voulait obliger le négus à faire hommage au roi de Portugal : c'était
méconnaître singulièrement la haute idée (au
fond juste) que se faisaient ces souverains de
la puissance, de l'éclat, et de l'ancienneté de

leur couronne. A l'ineptie ils ajoutèrent la violence. Un prince médiocre et féroce, formé par
les jésuites portugais sur le même modèle que
Ferdinand d'Autriche, son contemporain, inonda
l'Abyssinie de sang, pour imposer la supréma-
tie de Rome et le rit occidental à un peuple qui
n'en voulait pas. Pour ne pas succomber à une
tâche impossible, il proclama le libre exercice
du culte national, et quand les Portugais irrités
eurent commis l'imprudence d'appeler à Massaoua la flotte des Indes, ils ne réussirent qu'à
se faire proscrire et à fermer pour longtemps
le pays à tout Européen.

Un voyageur célèbre et très-discuté, le fameux Bruce, a eu le mérite incontestable de
faire connaître l'Abyssinie à l'Europe qui commençait à l'oublier. Les récits souvent exagérés,
mais disposés avec un grand art, intéressèrent
le public et attirèrent l'attention des esprits les
plus sérieux. On songea dès-lors, en Angleterre
surtout, à entrer en relations avec un peuple
bien autrement civilisable que les noirs de la
côte de Guinée, et à tirer parti des ressources
naturelles d'un pays aussi bien doué. C'est le
mobile qui, au commencement de ce siècle,
poussa vers l'Abyssinie lord Valentia et le sa-
vant Salt, son secrétaire : mais ces tentatives

ne furent que des ébauches et ne créèrent aucune relation suivie entre l'Angleterre et les négus, ou plutôt le vice-roi Ouelda-Selassie, souverain de fait des provinces orientales. Deux simples matelots de l'expédition de Salt, Pearce et Coffin, restèrent dans le Tigré, s'insinuèrent, par des services réels et une fidélité à l'épreuve, dans la faveur des princes, et firent plus pour populariser le nom anglais en Abyssinie que les diplomates et les savants.

Oubié, vainqueur après 1830 du parti national au Tigré, trouva ces deux Anglais parmi ses ennemis : il les flatta, pour exploiter leur bravoure et leur capacité, mais il ne les aima jamais, ni eux ni leurs compatriotes. Il fut plus sympathique aux Français qui, tentés par les livres de Bruce et de Salt, commençaient à se montrer dans le Tigré, Dufey (de l'Yonne), Combes et Tamisier. L'accueil gracieux qu'il leur fit engagea le gouvernement français à envoyer en Abyssinie deux missions, l'une scientifique, celle de M. Lefèvre, l'autre à la fois scientifique et politique, celle de MM. Ferret et Galinier (1838-1841). Toutes deux eurent, sous le premier rapport, les plus brillants résultats : les livres qu'elles nous ont valus sont classiques en matière de géographie et d'histoire africaine. Le résultat politique fut beaucoup moins décisif. On noua des relations suivies avec Oubié qui, maître absolu du Tigré, pouvait à son gré activer ou enrayer le développement du commerce français avec l'Abyssinie : mais ces avances furent à peu près perdues ; avant qu'elles portassent fruit, la bataille de Dereskié devait balayer en quelques heures, Oubié, son trône et sa dynastie.

L'Angleterre, j'ignore pour quel motif, n'avait rien fait pour s'assurer l'amitié d'Oubié, qui n'était légalement à ses yeux qu'un simple *dedjaz* (il n'a, du reste, jamais porté d'autre titre). Elle avait envoyé à Gondar un agent dont j'ai déjà parlé, M. Walter Metcalfe Plowden, qui avait déjà précédemment visité l'Abyssinie en touriste, si je ne me trompe, et la connaissait bien. Quelques-unes de ses lettres, que le hasard a mises sous mes yeux, m'ont montré chez lui à un haut degré les qualités nécessaires à un diplomate dans ces contrées : circonspection, patience, courage et volonté persévérante. Accrédité près du négus Hatze Iohannes, il comprit bien vite qu'il n'y avait pas à se préoccuper de l'existence de ce roi fainéant enfermé dans son palais du Gondar par une féodalité violente, et il se tourna vers Ras Ali, avec lequel il conclut, en 1849, un traité de commerce. Je n'ai pas su à quelle époque il abandonna Devra Tabor, résidence de Ras Ali, pour suivre la fortune du jeune Kassa. Un esprit aussi clairvoyant devait avoir deviné de bonne heure que la fortune de l'impétueux *kuaranya* devait triompher de l'aimable et indolent connétable.

Théodore fut vivement flatté de l'adhésion du consul, et lui témoigna jusqu'au dernier jour une faveur constante. Il finit par exiger que M. Plowden ne sortît pas d'Abyssinie. Le consul, que cette prohibition gênait vivement, allégua la nécessité de descendre à Massaoua à des époques fixes pour toucher son traitement. « N'est-ce que cela? dit le négus. Vous êtes mon fils et mon hôte, et vos dépenses ne regardent que ma caisse. » M. Plowden dut subir cette libéralité exigeante, avec toutes ses conséquences morales. Théodore le traita toujours en grand seigneur abyssin et en favori, mais jamais en consul. Un jour, il le mit pour quarante-huit heures aux arrêts, pour avoir, dans un moment d'humeur, traité les Abyssins d'*ânes*. « Ces hommes ne sont pas des ânes, lui dit sévèrement Théodore : ce sont des chrétiens et des hommes libres comme vous. »

Après la mort de M. Plowden, l'Angleterre

hésita près de deux ans à pourvoir à son remplacement, dans un pays où la guerre civile créait aux agents politiques des dangers si sérieux. Des services nombreux ou une capacité reconnue désignaient pour ce poste divers concurrents, dont les plus sérieux étaient MM. Beke et Barroni. Le docteur Beke est un voyageur dont le nom est bien connu dans le monde scientifique : il avait visité l'Abyssinie vingt ans auparavant, l'avait bien étudiée et se rendait parfaitement compte de sa situation présente, surtout au point de vue des intérêts des Anglais ; mais une nature un peu guerroyante et une gallophobie trop affichée pouvaient le rendre compromettant dans un poste où ses talents semblaient naturellement l'appeler. Quant à. M. Raffaele Barzoni, Bolonais, ex-novice barnabite, il avait été pendant plusieurs années agent consulaire britannique à Massaoua, ou, pour parler exactement, agent spécial de M. Plowden dans cette ville où l'Angleterre n'a pas d'agence officiellement reconnue. Dans ces fonctions, il avait soutenu et agrandi le prestige du pavillon anglais dans la basse Mer Rouge, et, par des services en tout genre, puissamment contribué au succès définitif de Théodore contre Négousié. Mais ce qui recommande particulièrement sa mémoire (1) aux gens de bien, c'est la guerre patiente et acharnée qu'il soutint contre la traite des esclaves, et les immenses services qu'il rendit en luttant à la fois contre les habitudes invétérées du commerce musulman, la vénalité et la complicité des autorités turques, et la politique hésitante, abolitionniste en paroles, esclavagiste en fait et en détail, du gouvernement britanniqne dans ces parages (2). Menacé d'une répétition du massacre de Djedda, il avait fortifié sa maison et y vivait sous la double protection d'un pont volant et de deux pierriers chargés et braqués sur la ville.

Sa nationalité fut, probablement, ce qui le fit écarter de la succession de M. Plowden. L'agent désigné pour le poste de Gondar fut un officier fort distingué, le capitaine Charles Duncan Cameron, ex-consul britannique à Poti, sur la Mer Noire. Il avait pour lui, outre des avantages physiques, qui ne sont jamais à dédaigner en face des Orientaux, des manières ouvertes et cordiales, un esprit souple et vif, un sentiment très-élevé des services que l'Angleterre pouvait être appelée à rendre au peuple abyssin et à

(1) M. Barroni est mort à Addi Ohala (Tigré), en novembre 1863.

(2) Voir aux pièces justificatives.

la civilisation en général, et enfin une haute idée de Théodore et du rôle qu'il pouvait jouer dans le présent et l'avenir. Il était difficile d'aborder ce nouveau terrain avec des chances plus favorables.

M. Cameron arriva près du négus au beau milieu de la dernière campagne contre les Gallea. Théodore le reçut à merveille, l'emmena à sa suite en plein pays ennemi, l'assura de son estime pour l'Angleterre, la France et leurs souverains ; puis il lui parla de l'empereur Napoléon III, prévenu, disait-il, à tort contre lui, et de son désir de nouer des relations avec le gouvernement français. Apprenant que M. Cameron avait pour secrétaire un voyageur français, il lui confia une lettre courtoise et fort convenable pour l'empereur, et le fit partir au plus vite. On a accusé de légèreté Théodore II remettant un pareil message à un touriste inconnu ; mais le négus, après les provocations et les insultes dont il avait harcelé l'Egypte, craignait qu'en entrant sur le territoire égyptien ses envoyés, s'ils étaient Abyssins, ne fussent maltraités par *les mains impures des fidèles*, et il savait qu'en revanche un Européen n'aurait rien à craindre.

Un épisode qui mérite d'être cité, et qui se

place à la même date, est la visite que fit au. négus un voyageur honorablement connu, M. de Heuglin, qu'il avait connu dans des circonstances bien différentes. M. de Heuglin était, en 1852, chancelier du consulat d'Autriche à Khartoum : il avait, en ce qualité, accompagné son supérieur, M. Constantin Reitz, quand celui-ci se rendit près d'Oubié pour conclure un traité de commerce austro-abyssin. Nos deux agents rencontrèrent dedjaz Kassa non loin de Gondar : ils devinèrent bien vite que des trois concurrents qui se disputaient l'empire, le jeune vainqueur de Gorgora était le seul qui eût des chances bien sérieuses : ils lui prédirent sa puissance future, et, l'ayant ainsi bien disposé, ils conclurent avec lui un traité explicite, mais laconique, qui les dispensa de rien conclure avec Oubié. En 1862, M. de Heuglin, repassant en Abyssinie en mission purement scientifique, fut parfaitement reçu par Théodore, qui lui rappela sa prédiction flatteuse d'autrefois, si vite réalisée. Aussi le voyageur fut-il fort surpris quand, en le congédiant, le négus lui remit l'exemplaire du traité de 1852, qu'il avait conservé, en lui disant tranquillement : « Emportez cela, ce n'est plus bon qu'à faire du papier à cartouches. » Ce procédé fort leste et que rien ne peut justifier est conforme à la logique toute spéciale de Théodore. Pour lui, un souverain n'a de compte à rendre de ses actes qu'à Dieu, et le négus n'a pas à se préoccuper d'un traité signé par dedjaz Kassa. Puis, s'il faut tout dire, il n'avait peut-être pas oublié que, pendant la guerre du Tigré, certain agent consulaire autrichien avait vendu des armes aux rebelles, tout en assurant le négus de sa neutralité aussi bien que des dispositions favorables de son gouvernement.

Quelques mois plus tard, j'entrais moi-même en Abyssinie dans des conditions analogues à celles de M. Cameron. J'entre ici dans une série d'événements d'autant plus délicats à raconter, que j'ai été conduit à y jouer un rôle qui n'a pas toujours été volontaire. Le lecteur comprendra sans peine la répugnance que j'éprouve à m'arrêter sur ces souvenirs et les convenances qui m'obligent d'effleurer les faits plutôt que de les expliquer.

La France n'avait pas eu, avant 1862, d'agent officiel en Abyssinie. A la suite de la mission Lefèvre, dont j'ai parlé, M. Guizot, ministre des affaires étrangères, convaincu de l'importance des intérêts à sauvegarder dans ces parages, surtout au point de vue de l'avenir, créa une agence consulaire à Massaoua et y nomma un commerçant français plein de zèle et de connaissances pratiques, M. Degoutin. Il occupa huit ans ce poste, et y rendit des services qu'ont pu apprécier ceux qui ont visité ces régions, avant et après lui.

Bien que faisant partie de l'empire ottoman, Massaoua était une colonie *sui generis* où la Porte ne commandait guère que de nom. Un gouverneur vénal, une milice sans frein, s'entendaient pour pressurer une population paisible, servile et fanatique, et pour accabler d'avanies les chrétiens abyssins qui alimentaient le commerce de Massaoua aussi bien que les voyageurs européens qui essayaient de pénétrer en Abyssinie. M. Degoutin prit hardiment la défense des uns et des autres, et réussit, après des années de luttes patientes, à faire supprimer les droits illégaux perçus au détriment des Européens, pendant qu'il faisait convertir en taxes assez modérées les exactions dont les neggadé abyssins étaient victimes (1). Bien qu'il évitât avec soin toute ingérence dans les affaires intérieures de l'Abyssinie, les services qu'il rendait aux pèlerins et aux voyageurs de ce pays y popula-

____

(1) Voir aux pièces justificatives.

risèrent le nom français et amenèrent pour la première fois les chefs du Tigré à nouer des relations avec les agents européens de Massaoua. Quand Balgada Arœa, après la prise d'Oubié à Devra-Tabor, se rendit maître du Tigré, il notifia son avènement à M. Degoutin, et, plus tard, Oubié, dans ses différends avec la Porte, recourut au consulat de France pour lui servir d'intermédiaire dans ses réclamations contre le kaïmakan.

J'ai déjà dit les malentendus regrettables qui engagèrent deux des successeurs de M. Degoutin dans les affaires du Tigré. Cette ingérence ne parut pas laisser de vifs ressentiments dans l'esprit du négus, qui entretint des relations amicales avec le vice-consul de France, lui recommanda une fois une de ses parentes qui allait en pèlerinage à Jérusalem, et lui envoya dans une autre occasion un cheval de prix. Ce fut dans ces circonstances que je fus appelé au poste de Massaoua (avril 1862), accrédité spécialement près du Négus, et chargé de négocier avec lui un traité de commerce. J'avais étudié avec soin les relations passées de l'Abyssinie avec l'Europe, et principalement la période portugaise. Je me rendais bien compte du rôle élevé que la France avait à remplir en tendant la main à une nation chrétienne en voie de se régénérer, et en évitant les tristes aberrations qui avaient amené l'expulsion des Portugais et la réaction violente contre tous les Européens. Pour remplir ce programme, qui avait obtenu une haute approbation, je partis promptement pour l'Abyssinie, où je ne pus arriver qu'au commencement de 1863. En attendant le négus, momentanément absent, je m'installai à Gafat, où habitait, comme je l'ai dit, la colonie bâloise.

Le 24 janvier au soir, le canon de Devra-Tabor annonça l'arrivée de Théodore. Le lendemain matin, le bruit courut qu'il allait venir à Gafat, et à tout hasard j'avais passé mon uniforme. Vers les dix heures, le missionnaire W... vint chez moi tout essoufflé, et me dit : « Voici Sa Majesté qui arrive! » Je sortis avec lui et me trouvai face à face avec un cortége tumultueux de grands officiers portant le *marghef* (tunique brodée) des grands jours. Au milieu d'eux, il y avait une sorte de paysan de bonne mine, tête et pieds nus, vêtu d'une *chama* (toge) de soldat qui n'était pas de la première blancheur, un sabre de cavalerie à la ceinture, et à la main une lance dont il s'appuyait en marchant. Un homme familier avec les usages

abyssins eût reconnu à l'instant le rang du per-
sonnage à un simple détail : il était le seul des
assistants qui eût les deux épaules couvertes de
la toge. Cet homme, plus que simplement vêtu,
était Théodore II, *roi des rois* d'Éthiopie.

En me voyant, il m'adressa, d'un air de bonne
humeur, le salut abyssin : *Na deratcho* (comment avez-vous dormi) ? L'étiquette ordonne
de ne pas répondre et de saluer profondément.
Maderakal (ce jeune abyssin que M. Lefèvre
avait amené en France vers 1843, et qui y a
fait son éducation) courait à reculons devant le
négus en faisant une cabriole à chaque mot de
Sa Majesté, et me traduisait les gracieusetés
royales. Théodore II s'arrêta dans un petit clos
où l'on avait apporté pour lui un tapis sur lequel il me pria de prendre place, à sa droite,
avec le petit Émile B..., fils d'un armurier
français à son service, entre nous deux. Ce singulier homme, dont la vie est si sanglante,
paraît beaucoup aimer les enfants et a pour eux
des attentions de grand'mère.

L'objet principal de la séance était d'essayer
un obusier que les missionnaires bâlois lui
avaient fabriqué. L'engin fut chargé, et M. B...,
preacher fort honorable et fort aimable homme
autant que mauvais artilleur, ôta sa chama,

s'établit confortablement sur le sol, à deux pas en arrière de l'obusier, et y mit le feu. Obusier et affût, comme un cheval fantasque, se cabrèrent et faillirent se renverser sur le tireur : l'obus partit où il lui plut ; si le négus fut émerveillé de l'essai, il ne le laissa guère voir.

Après quelques mots de courtoisie, il me demanda fort obligeamment quand il me plairait d'être officiellement reçu. Je répondis, bien entendu, que j'étais entièrement à la disposition de Sa Majesté. Le négus alors me fixa le lendemain pour me recevoir à Devra-Tabor avec les honneurs dus au pays que je représentais près de lui, et leva la séance. Telle fut ma première entrevue avec le « roi des rois. »

La séance solennelle qui eut lieu le lendemain ressembla à toutes les réceptions officielles de ce genre. Le négus reçut avec des remerciements les présents que j'étais chargé de lui remettre, mais il ajouta : « Que l'amitié de la France valait mieux que tous les présents du monde. » Il donna des ordres pour que je fusse traité avec la plus grande distinction, et pour que toute facilité me fût offerte de voyager dans l'intérieur de l'empire, là où il me plairait d'aller.

Huit jours après, au moment de partir pour

le Godjam contre Tedla Gualu, il me fit donner
l'option de rester ou de le suivre. Je tenais beaucoup, dans l'intérêt de ma mission, à rester près
lui le plus longtemps possible, et ma réponse,
qui n'était pas douteuse, lui fit grand plaisir. Il
me fit dire : « N'ayez aucune crainte pour cette
campagne : je serai un mur solide entre les
dangers et vous. » Je répondis à ce compli-
ment oriental par un équivalent, et le négus
ajouta : «J'ai appris que votre mule est fatiguée,
et nous marchons vite : je vous en donnerai une
qui pourra me suivre partout. » En effet, le
lendemain matin, au moment où l'on allait se
mettre en marche, on m'amena une mule gris
perle fort belle, même pour une mule d'Abyssinie. Je n'eus que le temps de faire seller et de
prendre place derrière le négus : on partait. Je
crois bon de citer ici quelques feuillets de mon
journal de route, afin de donner une physionomie fidèle d'une campagne faite à la suite d'un
négus abyssin.

«11 février 1863. — L'ordre du départ a été
donné ce matin vers les neuf heures. Une masse
tumultueuse d'infanterie a pris les devants
comme pour éclairer la route; vient ensuite,
richement équipé, le petit groupe qu'on peut
appeler l'état-major, dont je fais partie avec

les cinq ou six Européens invités, et en avant de nous le négus, accompagné seulement d'un jeune page qui porte son bouclier. Derrière nous est une longue colonne de cavalerie, parmi laquelle circulent non sans danger nos domestiques, tenant par la bride nos chevaux de rechange. Nous suivons pendant deux heures et demie une assez bonne route à travers un pays couvert, charmant, rempli de villages et de cultures, qui me rappelle un peu le Bocage normand, entre Vire et Domfront. Pour compléter la ressemblance, la terre, coupée de nombreuses haies et clôtures, annonce une propriété très-divisée, ce qui est du reste la loi générale en Abyssinie. On nomme cette province Aferaoanet. Vers onze heures, nous descendons une rampe assez rapide, et à travers les grands arbres nous voyons se développer une plaine magnifique, couverte de riches prairies, sillonnée par un ravin où mugit un torrent furieux, qu'on me dit être l'Abaï ou le Nil-Blanc. Ce torrent, qui de la hauteur où je suis placé ne paraît qu'un long filet d'écume, répond si peu à tout ce que j'ai lu sur le Nil abyssin, que je ne me laisse convaincre qu'en arrivant au pont portugais, où se fait la halte de midi.

« Cette construction hardie, due à des ingégénieurs portugais au service des négus du seizième siècle, ressemble, par certains côtés, aux beaux ponts romains, à celui par exemple d'El-Kantara, sur le Rummel, près de Constantine. On dirait que les Portugais ont retrouvé pour un temps le secret du ciment romain, vainement cherché aujourd'hui : des fragments entiers du parapet sont tombés le long des piles sans que les eaux furieuses aient réussi à en disjoindre les pierres. Deux petits forts, gardés par des fusiliers d'élite, commandent ce passage important. Le négus s'est placé à une fenêtre du fort inférieur, et, groupés un peu au-dessous de lui, nous assistons au défilé. C'est vraiment une fort belle chose. Ce qui manque comme ordre et comme discipline est racheté par le pittoresque, et mieux encore par un entrain militaire qui plairait à un officier européen. Cavalerie, infanterie, bagages, serviteurs, tout cela descend ou plutôt roule dans un épais nuage de poussière où scintillent des milliers de lances. On défile sur le pont, quatre par quatre à peu près, toujours au pas de course. L'étiquette oblige tous les officiers à marcher à pied en passant devant la fenêtre où s'accoude l'empereur, de sorte que nous perdons le spectacle des officiers supérieurs, grands vassaux de l'empire, entourés eux-mêmes de leurs vassaux. On m'a montré *ras* Enghedda, prince détrôné du Godjam : il est resté quelques années aux fers, et, récemment élargi, il fait aujourd'hui du zèle, même contre ses anciens sujets. C'est un fort bel homme, imposant, avec quelque chose de morne et de fier, de *foudroyé*, qui le rend intéressant. Je distingue aisément dans la foule un groupe de vingt à trente fusiliers vêtus à l'arabe, parfaitement disciplinés, commandés par un grand beau jeune homme en caftan rouge et un turban de mousseline. Cette sorte de Malek-Adhel n'est rien moins que Naïb-Mohammed, prince d'Arkiko et souverain nominal de Massaoua : bien que musulman et vassal de la Porte, il tient en fief de l'Abyssinie seize villages du côté de Halaï. Le prince d'Arkiko est venu au camp, me dit-on, pour solliciter la confirmation de cette inféodation, qui est fort ancienne, comme on peut le voir dans Bruce.

« Le défilé dure quatre heures, quarante mille hommes au moins ont passé. J'éprouve un certain contentement à regarder cette masse qui, dans sa confusion apparente, obéit évidemment à une direction active et puissante. C'est vraiment l'armée de l'ordre, pressée d'en finir avec les dernières tentatives d'une féodalité égoïste et incorrigible. Telle est du moins l'impression générale.

« Vers les quatre heures, le négus donne le signal du départ en franchissant lui-même le pont : je le suis, à pied comme lui, et nous gravissons rapidement le coteau escarpé de la rive droite pour éviter la foule qui encombre la route dite impériale (*negus mangad*). C'est une des malices de cet infatigable marcheur de faire faire des courses violentes aux gens qu'il admet dans sa rude intimité. Nous campons à une lieue plus loin, dans une prairie ravissante, au bord d'une limpide rivière qu'on appelle, je ne sais pourquoi, *l'Eau Noire (T'okour Ohha)*. Ma tente à peine dressée, j'aperçois une colonne de deux ou trois cents hommes qui se dirige vers le quartier du négus avec de grands cris de joie. Je m'approche, et je vois porter sur un brancard un énorme lion, percé de deux coups de lance au flanc ; le vainqueur arrive triomphalement sur les épaules de ses camarades, le côté droit saignant de quatre blessures produites par un griffe du lion. C'est un petit soldat de peu de mine. Le négus lui fait compter trente talaris, une fortune pour un pauvre fantassin.

« 12 février. — On a commencé ce matin à

sortir des basses terres (*kolla*) et à gravir le plateau d'Aghitta, sur lequel nous campons vers les dix heures. J'embrasse d'un coup d'œil un panorama saisissant. A mes pieds et à une profondeur imposante, s'ouvre un réseau de vallées verdoyantes et boisées où serpente le filet argenté de la Tzul : un rideau de bois épineux me dérobe la faille noire où roule et rugit le Nil-Bleu, où bondit la cataracte d'Alata, si bien décrite par Bruce. Au sud-ouest se dresse un pic isolé qui a un nom romantique et sinistre, Aouala-Négus (le roi des vampires). C'est là, disent les Abyssins, que se réunit le sabbat des *bouda,* demi-vampires, demi loup-garoux, héros de mille histoires terribles qui rappellent tout à fait les légendes de la Hongrie.

« 16 février. — Nous sommes campés au sommet de la sierra d'Amid-Amid, par un froid violent. De cette hauteur je puis voir à cinq heures de marche vers l'ouest, estompées par la brume, les collines tourmentées de Sakala au milieu desquelles jaillit la triple source du fleuve sacré, cette source du Nil-Bleu découverte il y a moins de trois siècles par le P. Paëz et ses collaborateurs, revue par Bruce en 1772. Je voudrais bien ajouter mon nom à ces grands noms, mais le district de Sakala est au pouvoir des rebelles, et la riante vallée de la Gumara, où nous entrons quelques heures plus tard, ne me console pas de ce mécompte. »

J'arrête ici ces souvenirs personnels, notés jour par jour, et je reprends le récit des événements militaires. Tout alla bien jusqu'au moment où l'on entra en pays insurgé. Le premier district ennemi qu'on rencontra fut Arafa : c'était plutôt un district neutre, qui, depuis cinq ans que durait la révolte, avait *oublié* de payer l'impôt. Ce qu'apprenant Tedla-Gualu avait envoyé dire aux gens d'Arafa : « Vous ne vouler rien payer à ce brigand de Kassa (ancien nom du négus), et vous avez bien raison : or, puisque vous n'êtes pas pour lui, vous êtes pour moi : donc payez-moi vos impôts. » Les paysans trouvèrent la prétention fort plaisante, et le firent comprendre : bref, il restèrent cinq ans sans payer.

Le négus lança sur eux des masses de cavalerie qui se mirent à brûler les villages et s'éparpillèrent pour piller. Les paysans, profitant de cette ineptie et appuyés par un corps de deux cents cavaliers de Telda-Gualu, tombèrent sur les pillards et en firent (14 février) une boucherie assez méritée. Il est difficile d'avoir sur le moment des renseignements certains en pareil cas, mais j'entendis parler de cent fusils pris par l'ennemi, ce qui, vu la rareté des fusils dans l'armée du négus, indiquait un échec sérieux.

Ce revers exaspéra Théodore II, d'autant plus que les paysans du mont Mizan avaient refusé d'obéir aux réquisitions de fourrage, et au mont Sagado, son cheval favori manqua de foin. « Comment, dit-il, on m'appelle le roi des rois, et je n'ai pas un peu de paille pour mon cheval ? » Et il ordonna de saccager les villages du Mizan. L'ordre fut rigoureusement exécuté. Deux heures après, vingt-deux villages brûlaient dans les monts Sagado et Mizan. On amena au négus un paysan qui, posté à la porte d'une église où les gens de la paroisse avaient caché ce qu'ils avaient de plus précieux, avait défendu le lieu sacré les armes à la main et blessé un maraudeur. Il alléguait qu'il avait été chargé par le négus lui-même de la garde de l'Église. Le fait fut trouvé faux. « Quel est ce misérable, dit Théodore, qui abuse de mon nom pour commettre un mensonge ? » Et il lui fit couper la main. Ces rigueurs exaspérèrent les populations et n'avançaient pas les affaires. Après six jours d'hésitation, le négus ordonna la retraite. L'irritation de l'armée se traduisant par de nombreuses désertions, Théodore fit battre le pays par des masses de cavalerie qui égorgeaient sans pitié tous les soldats surpris en flagrant délit de fuite.

De cette situation tendue naquit un complot, le plus redoutable qui eût encore menacé le pouvoir et les jours de Théodore. Plusieurs nobles de marque résolurent de surprendre le négus durant une de ces expéditions hardies qu'il faisait quelquefois, surtout la nuit, et de le mettre à mort. Le plus important des conjurés était le préfet de la province d'Alafa qui, malheureusement pour lui, en avait fait la confidence à sa femme. Au moment où il montait à cheval pour rejoindre le camp impérial, la matrone vint à lui et le pria de lui acheter une robe de prix dont elle avait envie. Le mari refusa. La dame lui dit très-froidement : « Vous me le payerez ! » propos dont il ne crut pas devoir s'inquiéter. Elle tint pourtant parole, car quelques jours après, elle se présentait au négus et lui dévoilait tous les détails de la conspiration. Théodore, plus surpris qu'alarmé, la regarda dans les yeux et lui dit : « On ne fait jamais rien sans avoir un intérêt. Qui est celui qui vous a poussée à une révélation qui mène au supplice votre mari et votre fils ? — J'ai pensé, dit-elle, que quelqu'un des conjurés vous révélerait la conspiration, et qu'alors les miens étaient irrévocablement perdus. En venant vous la dévoiler, j'acquiers le droit de vous demander la vie de l'un d'eux, de mon fils, le seul qui me soit cher. » Théodore la congédia sans lui rien promettre. Le 1er mars 1863, vers cinq heures du soir, au milieu d'un bataillon formé en carré, dix-huit conjurés furent amenés devant le négus et eurent la main et le pied coupés; puis défense fut faite de leur donner aucun soin, et ils moururent tous après une agonie plus ou moins longue : quelques-uns furent dévorés par les hyènes. Le fils du préfet de la province d'Alafa ne fut pas plus épargné que les autres.

Ce complot avorté assombrit l'âme de Théodore, et ne fut sans doute pas étranger aux incidents du lendemain, 2 mars. Ce jour-là, sur d'absurdes soupçons que je n'ai jamais pu éclaircir, je fus arrêté par ordre du négus et mis aux fers, ainsi que le naïb d'Arkiko. Celui-ci resta enchaîné un mois et reçut comme compensation un riche fief sur la frontière. Je fus relâché au bout de quelques heures, à la condition de demeurer prisonnier sur parole. Devra-Tabor me fut assigné comme résidence, avec faculté d'aller où bon me semblerait, dans un rayon de 30 à 40 lieues. Il ne me restait plus qu'à assister en spectateur forcément oisif aux graves événements que semblait présager la nouvelle attitude de l'Égypte envers l'Abyssinie.

L'Égypte en effet, excitée par les provocations verbales ou écrites du négus et les attaques dirigées sur ses provinces par les préfets abyssins du Wolkaït et d'Addi-Abo, avait fini par rétablir l'organisation du Soudan sur les mêmes bases qu'avant 1856 et avait envoyé à Khartoum, avec des pouvoirs à peu près illimités, un gouverneur général nommé Mouça-Pacha, soldat énergique, mais administrateur despotique et vénal. Cet ancien esclave circassien, qui se vantait lui-même d'avoir fait émasculer ou décapiter quatorze mille hommes du temps qu'il commandait l'armée d'occupation de Nubie, était, dans l'opinion du vice-roi Saïd-Pacha, le seul chef capable de lutter d'énergie avec Théodore. Arrivé à Khartoum dès l'été de 1862 avec 4,000 réguliers et des canons rayés, il avait passé l'hiver à exercer ses troupes, et en janvier 1863, s'était mis lentement en marche vers le Gallabat, où il arrivait le 19 février, traînant après lui de 10 à 12,000 hommes ; il avait fait mine de menacer l'Abyssinie, mais il s'était borné à pressurer la province, qu'épuisa complétement cette occupation de neuf jours. Théodore, campé à près de quatre-vingts lieues de là, près du lac Tana, n'en bougeait pas, sous prétexte de « manger du poisson frais, » vu qu'on était en carême. A vrai dire, les deux généraux, braves tous deux, n'osaient pourtant point se risquer l'un contre l'autre. Le négus avait gardé souvenir du canon de Saleh-Bey, et les soldats de Mouça, ignorant que l'usage obscène de la mutilation des prisonniers avait été aboli par Théodore, avaient une peur effroyable de tomber vivants aux mains des Abyssins. Le négus comprit sans peine que les Égyptiens ne l'attaqueraient pas, et, rassuré de ce côté, il tourna toute son attention vers les insurrections qui pullulaient à l'intérieur. Un certain Terso s'était déclaré en révolte dans les districts montueux que baigne la Zarima ; un parent assez proche du négus occupait le Kouara, et avait mis aux fers le préfet nommé par l'empereur ; dans une autre partie de la même province, un *neggadé*, ou simple marchand nommé Kassa, s'était laissé tourner la tête par des prêtres qui lui avaient raconté de prétendues révélations du ciel et l'avaient convaincu que le règne de l'usurpateur était fini, que le sien à lui était venu. Bien qu'il payât peu de mine et ne fût nullement soldat, il avait réuni, disait-on, 4,000 hommes. Dans le Choa, dans le Tigré, s'agitaient aussi deux ou trois rebelles plus obscurs. Cette anarchie matérielle était la conséquence de l'anarchie morale où l'Abyssinie avait si longtemps langui : le négus avait vaillamment lutté contre elle au début de son règne, mais il commençait à se lasser. Une pensée unique et sombre remplissait son esprit ; elle peut s'analyser ainsi : « Dieu, qui m'a tiré de la poussière pour supplanter les princes légitimes, n'a pas fait ce miracle sans motif. J'ai une mission, mais quelle est-elle ? J'ai d'abord cru qu'il fallait relever ce peuple par la prospérité et la paix, et malgré tout le bien que j'ai fait, je vois se lever plus de rebelles qu'au temps de la pire tyrannie. Il est évident que je me suis trompé. Ce peuple a la tête dure et a besoin d'être châtié avant d'être appelé à jouir des bienfaits de la Providence. Je vois à présent mon vrai rôle, je serai le fléau, le jugement de Dieu sur l'Abyssinie. » Et comme nouveau programme de règne, il fit graver sur les affûts de ses obusiers : « Le fléau des pervers, Théodore. »

Cette idée étrange eut pour effet de détruire

les derniers scrupules qui le retenaient sur une pente funeste. Depuis la retraite du Godjam, l'armée était en proie à une fermentation menaçante : les agents secrets de Gualu pénétraient dans ses rangs, parlaient à ces hommes accablés de privations de l'abondance qui régnait chez leur maître à Djibela, des riches cantonnements du Godjam et du Damot : aussi les désertions se multipliaient, malgré des supplices sans nombre, et la discipline se relâchait de jour en jour. Pour les retenir autour de lui, le souverain imagina de livrer, sous des prétextes futiles, les plus belles provinces de l'empire à tous les excès que peut commettre une soldatesque sans frein. Parfois il ne s'agissait que d'une razzia sur les chevaux, les mules, l'argent monnayé ; le plus souvent c'était un ordre général et laconique : « *Mangez* tout. » Pendant trois mois, de mars à juin 1863, quatorze provinces, d'une superficie égale à celle de la Suisse, furent ainsi *mangées* l'une après l'autre. Le prétexte qui servit pour lo Dombea, le fleuron de la couronne d'Abyssinie, c'est que les habitants avaient laissé échapper un chef musulman interné chez eux. On raconte que, lorsque les pillards rentrèrent au camp, le roi, assis sur une éminence, reconnut dans le butin la mule favorite de *l'abouna*

Salama, qui habitait alors ses terres du Dembea, et qu'il s'écria : « Ah ! les brigands, ils ont pillé sans mon ordre ma belle province du Dembea ! » Et il versa quelques larmes qui ne trompèrent personne.

Le Beghemder fut à son tour saccagé, sous prétexte que des insurgés du Godjam, fugitifs et désarmés, avaient trouvé un refuge dans je ne sais quel village. C'était le temps des semailles, vers le 1er juin, et le pays courait risque de se trouver six mois plus tard en face d'une effroyable famine. Les souffrances de la population touchaient médiocrement Théodore II, et pourtant il tuait ainsi sa poule aux œufs d'or, le pays qui l'avait nourri lui et ses bandes au plus fort des insurrections antérieures. Le premier lundi de juin, jour du marché de Devra-Tabor, une proclamation fut lancée : « J'ai châtié, disait le négus aux paysans, des provinces qui avaient caché mes ennemis, et malheureusement mes ordres ont été dépassés ; mais je veux le bien du peuple et j'ai commandé que ces choses ne se renouvelassent point. J'invite en conséquence le paysan à retourner à sa charrue, le marchand à ses affaires, et tous à reprendre en paix leurs occupations. » Cette proclamation fut accueillie avec des transports de joie; mais on vit bientôt qu'elle n'était qu'un odieux mensonge. Deux jours après, la nouvelle se répandit que les bandes sauvages de Ras-Enghedda s'étaient précipitées comme un torrent sur le Fogara, le Oanzaghié, riantes contrées dont le nom ne rappelle au voyageur que de gracieuses impressions. Cette rumeur n'était que trop fondée. Le pillage s'étendit jusqu'à Ferka; le sanctuaire vénéré de Baatha ne fut pas respecté.

Le négus, de ses camps de Vofarghel et d'Isti, où la dyssenterie et les privations décimaient ses troupes, ne cessait de diriger des razzias rapides sur les provinces ennemies. Il partait habituellement le soir, avec cinq ou six cents cavaliers, après avoir publiquement annoncé une excursion qui n'était jamais celle qu'il faisait réellement; il marchait toute la nuit et tombait le matin sur les ennemis surpris et non préparés à la résistance. C'est ainsi qu'il envahit, vers la fin de juillet, la province d'Agaumider, où il cerna quelques milliers de déserteurs de son armée mêlée à des gens de Tedla-Gualu. Il fut sans pitié, passa tout au fil de l'épée, battit un des meilleurs généraux ennemis, qui avait quitté son service pour celui du rebelle, et publia partout un bulletin officiel qui portait à quinze mille le nombre des hommes tués dans ces deux affaires. Je suis convaincu qu'il quadruplait au moins le chiffre, d'autant plus qu'il n'avait, en entrant dans l'Agaumider, que quatre cents hommes, auxquels il joignit en route quelques contingents fidèles. Après avoir saccagé cette province et l'Alafa, il rentra à Djenda, où il rejoignit le consul anglais, M. Cameron, de retour en Abyssinie après quatre mois d'absence. L'agitateur religieux du Kouara, le neggadé Kassa, s'était réfugié, à l'approche du négus, dans les *kolla* ou basses terres de la province. Le pays, terrifié par les dévastations des provinces voisines, ne se montrait guère disposé à le soutenir. Et quand Théodore II eut ordonné aux populations du Kouara d'en finir avec le rebelle sous peine d'être traitées comme celles de l'Alafa, les Kouaranya coururent aux armes, battirent aisément Kassa, le prirent et l'ammenèrent à Djenda (19 août). Le négus avait été violemment irrité par cette révolte au sein de la seule province de l'empire en laquelle il mît un peu sa confiance. « Tu as prétendu que mon temps est passé, dit-il à Kassa ; mais quand cela serait, n'ai-je pas un fils pour me succéder, et en quoi a-t-il démérité ? » Pour qui connaissait le négus, il était évident qu'il serait implacable pour l'audacieux qui avait douté de la solidité de son édifice dynastique. Kassa, sommairement condamné, fut lié à un arbre. Théodore s'assit froidement en face de lui, se fit apporter son fusil, visa, et en prononçant les paroles sacramentelles : « Au nom de la très-sainte Trinité ! » Il lui envoya deux balles dans la poitrine. Les soldats présents criblèrent le cadavre de coups de lance, et en firent un triste et informe débris.

Un événement prévu fit une heureuse diversion à ces scènes sanglantes. L'envoyé du négus à Paris revenait à Gondar vers les premiers jours de septembre, porteur d'une réponse du gouvernement français à la lettre de Théodore II. Celui-ci, fier de ce succès diplomatique, convoqua à Gondar tous les Européens établis en Abyssinie pour assister à la lecture du message impérial ; mais il avait préalablement ouvert la lettre pour la livrer aux traducteurs, de sorte que le contenu en fut vite connu, et que je pus sans indiscrétion me concerter d'avance avec mon collègue britannique et les membres les plus influents de la petite colonie, en vue d'une action commune sur l'esprit du négus dans le sens des instructions que j'avais reçues.

La lettre officielle demandait en termes courtois, mais fermes, la tolérance religieuse pour les missions catholiques romaines, protégées de la France. Je dois rendre cette justice aux missionnaires bâlois, que, dirigés par le consul anglais et par M. Martin Flad, leur principal *leader*, ils mirent un grand empressement à m'offrir leur concours sur cette question religieuse dans la voie de la tolérance, conforme, disaient-ils avec raison, à l'esprit du protestantisme éclairé.

Toute cette diplomatie fut dépensée en pure perte. L'empereur avait été assez irrité du passage de la lettre relatif aux missions romaines. « Je connais, avait-il dit, la tactique des gouvernements européens quand ils veulent prendre un État d'Orient. On lance des missionnaires d'abord, puis des consuls pour appuyer les missionnaires, puis des bataillons pour soutenir les consuls. Je ne suis pas un rajah de l'Indoustan pour être berné de la sorte : j'aime mieux avoir affaire aux bataillons tout de suite. » Après une série de scènes curieuses et caractéristiques, Théodore répondit à ce qu'il regardait comme une provocation de la France, par un ordre d'expulsion de son agent (28 septembre 1863). Je m'empressai de regagner Massaoua avant que la nouvelle de ma disgrâce, semée sur la route, ne m'attirât des tracasseries de la part des autorités locales. J'étais désormais réduit au rôle de témoin désintéressé, mais non indifférent, des événements qui allaient se passer dans ce pays, auquel un mécompte qui m'était personnel n'avait enlevé aucune de mes sympathies. Ne m'étant point créé d'illusion, je n'en avais aucune à perdre.

Je n'appris que plus tard les dangers réels que j'avais courus à cette occasion. D'après une lettre du révérend Stern qui a paru récemment dans les journaux anglais, le négus à Gander, aurait songé à me faire remettre aux fers, et n'aurait renoncé à cette rigueur injustifiable que sur les représentations de l'abouna. Je ne sais que penser de ce bruit qui a couru en Abyssinie : je connais trop la courtisannerie de Salama devant Théodore et son manque de crédit sur cet esprit défiant, pour avoir grande confiance en cette historiette. La suivante est plus sérieuse.

Quatre ou cinq ans après mon départ, il était arrivé ce que je craignais : Théodore était revenu sur sa décision du 28 septembre et avait fait partir après moi un officier chargé de me ramener. Heureusement que quand cet officier arriva

à Dobarek et transmit au chef de ce district l'ordre qui me concernait, j'avais un jour d'avance.
Le chef de Dobarek descendit vers les basses
terres jusqu'à la rivière Enzo, mais là il eut
avis de quelque mouvement du rebelle Terso,
maître de toutes ces provinces, et craignant de
se voir couper la retraite, il revint en toute hâte
sur ses pas, racontant pour excuser sa timidité,
que j'avais déjà une avance de plusieurs jours.
Théodore en recevant cette nouvelle, manifesta
un violent dépit, et prononça ces paroles qui
m'ont été textuellement rapportées : « Voilà un
homme qui est parti avant d'avoir su si je lui
étais ami ou ennemi ! »

J'avais noué de cordiales relations avec mon
collègue Anglais, le capitaine Cameron. Comme
nous déjeunions ensemble le jour même du décret d'expulsion, M. Cameron me dit en riant :
« Eh bien ! collègue, les fers du négus sont-ils
lourds ? — Auriez-vous l'idée d'en essayer ? ré-
pondis-je sur le même ton. — Eh ! qui sait ?... »
Hélas ! le vaillant officier ne croyait pas si bien
dire.

VI

Mon expulsion laissait le champ libre à l'action d'un nouveau favori de Théodore. C'était l'agent français du négus dont j'ai parlé plus haut, un homme jeune, actif, très-intelligent et très-dévoué, mais dépourvu de tact et de conduite. Son aplomb et une certaine familiarité respectueuse qui n'est pas la plus maladroite des adulations, avaient séduit le négus, qui, en sa qualité de soldat, aimait fort ces natures hardies, — *soldier-like*, comme disent les Anglais. Théodore était excédé de l'obséquiosité lourde et craintive des missionnaires bâlois, qui, après lui avoir fabriqué des canons, en étaient venus à lui fabriquer de l'eau-de-vie, et, tout en les appelant officiellement *ses enfants*, il les nommait dans ses moments d'humeur des *ghevès* (des cafards).

Théodore vit vers cette époque arriver à son audience un missionnaire anglais dont le nom a une notoriété légitime dans un certain monde religieux. C'était le révérend Stern, évêque dans la *haute église,* et connu par un voyage hardi dans l'Yémen et par un excellent livre sur l'Abyssinie, *A mission amongst the Falashas.* Reçu froidement une première fois par l'empereur, qui lui avait dit : « Je suis excédé de vos bibles ! » il avait obtenu un permis de retour à Massaoua, et avait eu l'imprudence de n'en pas profiter aussitôt, de sorte qu'en le rencontrant dans le pays de Voggara en octobre 1863, le négus lui dit sévèrement : « Vous m'avez gravement offensé en n'usant pas de la permission que je vous ai donnée. Comme vous êtes étranger, je vous le pardonne ; mais ceux de mes sujets qui pouvaient et devaient vous éclairer seront châtiés. » Et il fit bâtonner si cruellement les deux serviteurs de confiance de M. Stern que l'un d'eux mourut la nuit suivante et l'autre quelques jours après.

M. Stern, témoin muet de cette scène sauvage, avait involontairement mordu l'index de sa main crispée. Ce geste a une signification dans la mimique des Abyssins : c'est la menace de la colère momentanément impuissante. Théodore le vit, et il s'en émut si peu que, quand M. Stern fut rentré chez lui, il lui fit envoyer comme de coutume son souper de la table impériale ; mais les courtisans ne tenaient pas le missionnaire

quitte à si bon marché : ils réclamèrent le châtiment de l'audacieux étranger qui avait menacé
sa majesté, et le négus, après avoir quelque
temps résisté en alléguant que M. Stern n'avait
attaché aucun sens à son geste, céda probablement à la fausse honte de paraître reculer devant
l'inviolabilité d'un sujet anglais. M. Stern, rap-
pelé, fut brutalement couché à plat-ventre et bâ-
tonné moins rudement que ses malheureux serviteurs, mais assez pour garder longtemps le lit.

Une visite domiciliaire, exécutée à la suite
de ces faits chez tous les agents des sociétés bi-
bliques anglaises , amena la découverte de
beaucoup de lettres et notes écrites en allemand
et en anglais, et relatives à la biographie du
négus et aux derniers événements d'Abyssinie.
Théodore se les fit traduire, et ces notes, écrites
sans parti pris par des gens désireux de garder
souvenir de ce qui s'est passé sous leurs yeux,
le mirent dans une véritable fureur. Il ordonna
d'arrêter trois des inculpés des plus notables :
les soldats, qui ne les connaissaient pas, jugè-
rent préférable de mettre aux fers tout le personnel européen des missions de Djenda et de
Darna, dont deux jeunes femmes, Mmes Flad et
Rosenthal. Le négus interrogea séparément la
première, espérant obtenir d'elle quelques

aveux en l'intimidant. Elle répondit simplement que « c'était coutume des *Francs* de prendre note pour eux-mêmes de tout ce qui les
frappait dans leurs voyages. » N'en tirant rien
de plus, Théodore fit relâcher les deux dames
et M. Flad, et pour se donner les apparences
de l'impartialité, il réunit à Gondar, comme en
une sorte de haute cour, tous les Européens
d'Abyssinie. Il y cita MM. Stern et Rosenthal,
chez qui l'on avait fait les découvertes les plus
accablantes. On lut les pièces du procès, et le négus demanda aux jurés quelle peine les lois d'Europe infligeaient aux gens qui parlaient ainsi
du souverain. « La mort, répondit sans hésiter
M. Waldmeier, président de cette commission ;
mais nous invoquons la clémence de votre majesté en faveur d'étrangers coupables par malentendu plus que d'intention. » Cet abandon
apparent des accusés était, pour qui connaissait
le négus, bien plus adroit qu'un plaidoyer, qui
n'eût servi qu'à l'irriter, et eût perdu à la fois
accusés, avocats et juges. « Je serai clément,
dit Théodore. Je commue la peine que vous
avez prononcée en celle des fers pour MM. Stern
et Rosenthal. » Et s'adressant à ce dernier :
« Comment avez-vous été, lui dit-il, assez léger
pour juger un prince que vous ne connaissez

pas et des faits que vous n'avez appris que par ouï dire ? » C'était assez logique : mais M. Rosenthal eût pu objecter qu'il n'y a délit que là où il y a publicité. « Vous ignorez peut-être, ajouta le négus, que la loi de l'empire vous offre un recours dont je serais ravi de vous voir profiter en homme de cœur. Vous avez le droit de dire impunément de moi tout le mal qu'il vous plaira, pourvu que vous soyez prêt à soutenir vos dires, à cheval et le sabre au poing, contre un de mes champions. Le voulez-vous ? » On devine comment cette proposition fut reçue par M. Rosenthal qui de sa vie n'avait manié que les armes spirituelles de la théologie.

Ce qui avait le plus violemment blessé Théodore II dans les papiers saisis, ce n'était pas le récit des barbaries inutiles accomplies depuis deux ans, c'était le fait, — public pourtant et connu de tous les Abyssins, — qu'il était fils d'une marchande de *kousso*. « Qui a pu le leur révéler, à ces étrangers ? demandait-il avec une naïveté feinte. Sans doute quelqu'un de Gondar : c'est une ville de prêtres qui ne m'aime pas. Sus à Gondar ! » Et il frappa la malheureuse cité, déjà épuisée par trois mois de séjour de l'armée royale dans ses faubourgs, d'un impôt énorme qui fut immédiatement payé. Le lendemain, il exigea le double, et comme les bourgeois ne pouvaient s'exécuter assez vite, il lança ses bataillons sur la ville, avec autorisation de la *manger*, c'est-à-dire de piller à discrétion. Rien ne fut respecté, pas même les églises : la vieille capitale des négus fut réduite à porter envie aux plus misérables villages. L'Islambiet, centre du haut commerce abyssin, étranger à toutes les révolutions, fut saccagé et presque détruit.

Quelque temps après, un acte arbitraire, dont la cause n'a pas encore été bien éclaircie, vint encore attrister les Européens qui résidaient en Abyssinie. Le consul anglais, M. Cameron, fut mis aux fers. Cette violation du droit des gens a donné lieu à bien des versions plus ou moins romanesques qui ont couru tous les journaux d'Europe, et qui se ressentent un peu de l'esprit bavard et railleur d'Alexandrie, d'où elles sont parties. L'explication la plus raisonnable est celle-ci. M. Cameron, en quittant l'Abyssinie, en novembre 1862, avait amené avec lui un agent que lui avait imposé le négus, probablement un espion, que le consul avait congédié dès sa sortie du territoire de l'empire, ce qui avait vivement blessé Théodore. De plus, il venait de faire une longue excursion dans les districts cotonniers du Sennâr et du Gallabat, pour les étudier au

point de vue des intérêts politiques et commerciaux de l'Angleterre. Théodore II, qui ne comprenait pas qu'un agent diplomatique pût s'intéresser à des choses commerciales, ayant supposé que M. Cameron était allé se concerter avec
ses mortels ennemis, les Égyptiens, et l'avait
accueilli en conséquence. En dernier lieu, il
avait été offensé de recevoir du *foreign-office*
une lettre signée de lord Russell et non de la
reine elle-même. « J'ai écrit à Victoria, dit-il
avec humeur, et non à ce *monsieur Russell (ato
Russell)*, que je ne connais pas du tout. » Ce
n'était probablement qu'un prétexte, car en janvier il avait reçu avec joie une lettre du gouvernement français, signée de M. Thouvenel : il est
vrai qu'en remettant cette lettre à Théodore, je
m'étais empressé de déclarer que M. Thouvenel
était l'*afa-négus* (1) de Napoléon III. Quoiqu'il en
soit, M. Cameron enchaîné, fut enfermé et gardé
à vue nuit et jour dans une tente voisine du quartier-général, au bord de la rivière de Kaha. Il ne
paraît pas que depuis vingt mois cette affreuse
situation ait eu un terme (2). Ses serviteurs et ses

---

(1) Littéralement *bouche de l'empereur*, orateur de la couronne. C'était jadis le premier emploi de la cour. Théodore II
l'a supprimé comme étant une sinécure.

(2) 6 septembre. — On vient d'apprendre que M. Cameron
a été délivré de ses fers.

employés européens partagèrent son sort. Parmi eux était un jeune Irlandais de dix-huit ans qui, après avoir mené pendant quelques mois la vie périlleuse de chasseur d'éléphants en Nubie, avait été pris d'un irrésistible désir de voir l'Abyssinie et son souverain. Sachant que le négus aimait les scènes de guerre et de chasse il lui apportait en présent un assez beau tapis, où était figurée la scène bien connue du spahis Jules Gérard chassant le lion : il me l'avait montrée à Adoua avec satisfaction et s'en promettait merveilles. Il arriva juste au moment où M. Cameron venait d'être arrêté, et n'en fut pas moins bien reçu : il présenta son tapis. « Comme ces Anglais sont impertinents ! dit Théodore à ses officiers. En voici un qui vient me prédire par une peinture que les Turcs me tueront ! Ne voyez-vous pas cet homme à *tarbouch* (1), ce Turc, qui tire sur un lion ? Qui est le lion d'Éthiopie, si ce n'est moi ? En attendant que les Turcs me tuent, mettez cet Anglais aux fers ! Le pauvre garçon demandait avec surprise : » Qu'ai-je donc fait ? — Tu n'as rien fait, dit le négus radouci, mais comme j'ai enchaîné ton consul,

-----

(1) Jules Gérard était figuré en uniforme de spahis et coiffé d'un tarbouch.

tu ne peux pas m'aimer, *et qui ne m'aime pas
ne doit pas marcher libre.* »

Deux mois après son incarcération, M. Cameron reçut un nouveau compagnon de chaîne : c'était le favori. Celui-ci, absent lors de l'arrestation, avait cédé à un bon mouvement en se rendant le matin à l'audience du négus et en le priant, au nom de son honneur de souverain civilisé, de mettre en liberté M. Cameron et ses amis. Malheureusement il parlait très-mal la langue amharique, et il paraît que dans son trouble il substitua un mot impératif à un terme de conseil ou de prière. « Entendez-vous cet *âne,* dit Théodore, qui prétend me dicter ses ordres ? Puisqu'il porte tant d'intérêt au consul, enchaînez-le avec lui ! »

Une autre version qui ne manque pas de vraisemblance est celle-ci : Le favori haïssait violemment un officier indigène qui lui disputait la confiance du négus. Un jour qu'il sortait de l'audience impériale, il rencontra son rival : une querelle s'ensuivit, et le Français, qui avait la main très-prompte, frappa au visage l'Abyssin qui alla aussitôt montrer sa figure ensanglantée à Théodore et lui demander justice. Le négus au premier moment ne fit qu'en rire : mais l'offensé lui rappela sévèrement qu'il devait faire respecter sa dignité impériale, outragée, que la loi punit de mort toute violence qui fait couler le sang dans l'intérieur du palais des négus, et il ajouta que s'il n'avait eu confiance en la justice de son souverain, il se serait fait justice lui-même et sur l'heure. Théodore, qui ne riait plus, fit rappeler son favori, et le fit mettre aux fers sous ses yeux. C'est un malheur que notre compatriote eut pu éviter, s'il avait lu le voyage de Bruce.

Tandis que les relations du négus avec les Européens devenaient de plus en plus tendues, la situation de l'empire ne cessait de s'aggraver. Les sévérités sans motif et sans mesure de Théodore avaient eu pour conséquence logique l'anarchie et la révolte. Immobile à Gondar. l'empereur abyssin voyait grandir autour de lui ses insurrections, dont le cercle se rétrécissait de jour en jour. Dans le Tigré, c'était Kassa Goldja, fils de ce Goldja que les bourgeois d'Adoua avaient tué en 1860, comme nous l'avons raconté. Il n'avait pas de drapeau politique, mais une *vendetta* à poursuivre contre ceux d'Adoua, pour venger la mort de son père, dette sacrée dans les idées de l'Orient : il tenait la campagne depuis le Takazzé jusqu'au Mareb, et avait tenté un coup de main contre Adoua.

ll avait été battu, mais les bourgeois avaient perdu dans l'action deux de leurs guerriers de marque, un fils de l'Anglais Coffin, ancien prince d'Antitchoou, et Kokeb, l'orfèvre de la couronne, le plus riche bourgeois d'Adoua. Goldja resta assez fort pour inquiéter tout le Bas-Tigré jusqu'à la fin de 1863. Bien plus important était le chef des rebelles du Kolla Voggara, Terso-Gobhesié, dont les bandes tenaient le pays jusqu'à deux étapes de Gondar. Terso n'acceptait pour soldats que les gens qui lui prouvaient, en lui montrant leurs mains toutes déchirées par les pierres et les épines, qu'ils étaient hommes à mener au besoin et jusqu'au bout la vie d'insurgés mis hors la loi et traqués au fond des ravins et des cavernes. Cependant les marchands louaient hautement la générosité de Terso et ses ménagements envers les caravanes, qui contrastaient avec les saisies arbitraires de Théodere. « Le négus est bien fort, disait ce chef, et peut-être Dieu lui réserve la victoire : si cela arrive et qu'il nous faille périr, laissons au moins le souvenir d gens de bien, purs de toute volerie. » Aussi montait-il rapidement dans l'opinion, pendant que la popularité du négus baissait d'heure en heure. Cette impopularité, qu'il sentait bien, le rendait encore plus dur et plus violent. Une femme était venue se plaindre à lui d'excès commis par des soldats : il lui dit, avec une brusquerie ironique : « Ces bagatelles ne me regardent pas : tu ferais mieux de te plaindre à Dieu. — Il est trop loin pour m'entendre, répliqua la femme, il est au Godjam, » c'est-à-dire avec le rebelle Tedla-Gualu. Celui-ci avait secoué, depuis la campagne de février 1863, la terreur involontaire que lui avait jusque-là inspirée le négus, et lui envoyait des messages provocateurs et ironiques qui l'exaspéraient jusqu'à la frénésie.

Cette situation violente et tragique aboutit à une mesure depuis longtemps prévue, l'une des plus déplorables du règne. Par un décret d'avril 1864, Théodore II proscrivit l'islamisme dans toute l'étendue de l'empire, et déclara rebelles tous les musulmans qui n'apostasieraient pas en mangeant des viandes signalées comme impures par le Koran. Cette mesure était tellement dans l'esprit de la politique théodoriste, qu'il est surprenant qu'elle n'ait pas été prise plus tôt. Cependant cet acte, même en laissant de côté la question philosophique de la tolérance, était souverainement impolitique et injuste. Les musulmans étaient en Abyssinie dans la position

fort subalterne qu'occupent les chrétiens d'O-
rient dans les États musulmans. Restés depuis
des siècles étrangers au métier des armes, ils
n'avaient jamais pris part aux troubles politiques de l'empire, et se contentaient de s'enrichir
par le commerce, qu'ils avaient en partie mono-
polisé. Aussi, presque toutes les villes d'Abyssinie étaient musulmanes, soit en totalité comme
Derita, Emfras, Alitiou-Amba, Haoussa, soit
partiellement, comme Gondar ou Mahdera-
Mariam. La moralité privée des musulmans était
généralement supérieure à celle de la population chrétienne. On ne pouvait leur reprocher
que l'abominable commerce des esclaves, qui
est peut-être la base la plus nécessaire de l'islamisme : mais le négus avait le droit de frapper des coupables convaincus de traite, il n'avait
pas celui de proscrire un culte tout entier. D'ailleurs, par sa funeste mesure du rappel des lois
contre la traite, il s'était montré le premier fau-
teur de ce crime social. Quoi qu'il en soit, le
décret ne rencontra nulle part de résistance
armée : les musulmans ne songèrent pas un instant à la possibilité d'une lutte de ce genre. La
plupart se soumirent, comme à Gondar ; d'autres (ceux de Derita par exemple) quittèrent
leurs maisons et leurs petites fortunes pénible-

ment acquises et se réfugièrent dans les bois. J'ai connu à Massaoua un brave musulman de Gondar, nommé Adem-Kourman, que je vis l'an dernier en proie à une affliction qui me fut expliquée. Il avait laissé à Gondar une fortune assez ronde et une fort jolie femme qu'il aimait beaucoup. Théodore, voyant qu'il s'obstinait à ne pas rentrer en Abyssinie, avait trouvé amusant de punir cet émigré en confisquant sa fortune et sa femme. Ce qui semblait attrister le plus le pauvre Kourman, ce n'était pas d'avoir vu sa femme passer aux bras de l'empereur : c'était de savoir que celui-ci l'avait convertie et fait baptiser !

Voilà où en était l'Abyssinie au milieu de 1864. Depuis, la situation intérieure de l'empire a peu changé. Une campagne entreprise contre un chef insurgé du Choa, retranché dans une amba près Voghidi et soutenu par le parti aristocratique et séparatiste de cet ex-royaume, n'a pas eu de succès : Théodore a repassé le Bachilo, amoindri d'hommes et surtout d'influence. Pendant ce temps les rebelles des provinces orientales se sont fortifiés : Terso occupe toujours le Kolla Voggara : Wakchim Gobesié tient les environs d'Adoua avec une armée considérable. Les généraux du négus ont demandé des instructions et n'ont obtenu que celle-ci : « Ne risquez pas de bataille : Je vais arriver au Tigré. » L'opinion qui paraît prédominer en ce moment est que Théodore se recueille et se dispose à frapper un grand coup. La saison des pluies (de mai à septembre) a forcément interrompu les opérations militaires, et il est difficile de passer le Takazzé avant le 1er octobre. On peut s'attendre pour cette date à des opérations décisives.

Nous avons laissé le consul Cameron dans les fers, à la suite de l'armée impériale. Le bruit a très-sérieusement couru qu'à la captivité avait été ajoutée l'aggravation d'une bastonnade quotidienne, mais je crois peu à ce détail. Il indiquerait chez Théodore un ressentiment personnel que rien ne me fait supposer par ailleurs. Quoi qu'il en soit, le gouvernement anglais s'inquiéta à la fin du sort de son agent. La Reine écrivit de sa main au Négus, en termes courtois, pour réclamer le captif : mais la lettre, arrivée en Égypte dans l'été de 1864, fut jugée inopportune dans les termes et renvoyée à Londres, m'a-t-on assuré, pour être soumise aux modifications nécessaires. Pendant ce temps, le consulat britannique à Alexandrie recevait l'ordre d'agir près du patriarche David pour obtenir, par l'entremise de l'Abouna Salama, l'élargissement de M. Cameron. C'était une maladresse inutile, parce que d'une part David et Salama sont en termes peu sympathiques et que de l'autre ce dernier n'a aucune influence sur le négus. On fut mieux inspiré en envoyant à Massaoua l'agent des postes britanniques à Aden, M. Rassam, levantin et protégé anglais, le même qui s'est fait un certain nom en s'occupant des fouilles de Ninive. M. Rassam était porteur de la lettre de la Reine, et en arrivant à Massaoua sur le petit vapeur *Dalhousie*, il s'empressa d'envoyer au négus un agent chargé de demander pour lui un sauf-conduit. Théodore reçut gracieusement l'agent, promit le sauf-conduit, mais déclara d'abord qu'il ne mettrait pas M. Cameron en liberté. Le *Dalhousie* se morfondit plusieurs mois durant dans la rade de Massaoua, pendant que la question d'Abyssinie, agitée dans la presse anglaise, réveillée dans l'opinion par les réclamations de la mère du consul et de la femme de l'évêque Stern, était portée devant les deux chambres du Parlement et donnait lieu à un débat fort serré.

A la chambre des lords, ce fut lord Ellenborough qui accusa vivement le ministère d'avoir,

par le décousu de sa politique et surtout par sa
lenteur à répondre à la lettre du négus de 1862,
irrité Théodore et amené la brutale arrestation
de M. Cameron. M. Layard, au nom du gouvernement, répondit assez victorieusement à l'attaque, et rejeta sur le zèle intempérant du consul la responsabilité de ce qui s'était passé.
La question fut reprise aux Communes le 30 juin
1865, avec la même vigueur : cette fois ce fut
lord John Russell qui répondit. Sa conclusion,
identique à celle de M. Layard, blessa un peu le
sentiment public. Entraîné par une certaine
acrimonie contre un agent qui avait, en dépas-
sant ses ordres, découvert le gouvernement et
l'avait livré aux attaques de l'opposition, il
oublia, dans une réponse acerbe, que cet agent,
qui après tout n'avait agi que par excès de zèle
pour l'extension de l'influence anglaise en
Afrique, était en ce moment aux mains d'un
ennemi irrité et implacable.

Ce qui, toutefois, fit un meilleur effet, ce
fut l'assurance que le gouvernement de la Reine
ne négligerait rien pour amener à bonne fin
cette négociation délicate. Ceux qui connaissaient un peu les affaires d'Abyssinie ne parta-
geaient guère la confiance officielle du ministère : aussi furent-ils agréablement surpris

d'apprendre, deux mois plus tard (4 septembre), que M. Rassam venait d'arriver à Suez avec l'heureuse nouvelle que M. Cameron avait été délivré de ses fers, et que le négus invitait M. Rassam à le venir voir par la route d'Égypte, le Tigré étant en ce moment aux mains des insurgés. Ce commencement de solution dispensait le Foreign Office d'accepter les offres courageuses que lui faisaient au mois d'août deux voyageurs parfaitement au courant des régions de la mer Rouge, le révérend Palgrave, explorateur de l'Arabie, et le docteur Ch. Beke, bien connu par ses voyages en Abyssinie. Ils offraient d'aller, à leurs risques et périls, négocier avec Théodore la libération de MM. Stern, Cameron, et de leurs compagnons de captivité. Leur initiative, devenue inutile, ne leur en fait pas moins d'honneur.

C'est sur cette conclusion heureuse et inespérée d'un incident fort pénible que s'arrête l'histoire des faits contemporains en Abyssinie.

VII

L'homme sur la tête duquel repose dans ce moment le sort de l'Abyssinie a aujourd'hui quarante-six ans. Il est de stature moyenne, d'un port imposant, d'une physionomie ouverte et sympathique. Ses traits, moins réguliers que ceux de la plupart des Abyssins, sont expressifs et mobiles, et n'ont rien de cette dignité d'emprunt qui marque certaines physionomies orientales d'un cachet d'insignifiance solennelle. Le regard est vif et perçant ; les lignes arrêtées du profil expriment bien la ferme volonté qui a plié au joug le peuple le plus libre et le moins docile de l'Orient. Rigoureux pour les autres en fait d'étiquette, le négus s'en affranchit luimême en matière de costume, et affecte un négligé qui du reste ne va jamais jusqu'au mauvais goût. Une simple casaque de soldat, un pantalon et une ceinture où sont passés des pistolets et un sabre anglais, et sur le tout une *chama* ou toge brodée, voilà son costume habituel. Il est quelquefois arrivé à des Européens qui lui étaient présentés d'hésiter à le distinguer dans la foule des pourpoints de soie (*balakamis*) qui l'entourent, et de commettre des méprises qui le divertissaient fort. Ce dédain de toute recherche luxueuse préside à tous ses actes : l'ameublement de sa tente est des plus simples, tandis que ses résidences de Magdala et de Devra-Tabor s'encombrent des soieries et des étoffes de la France ou des Indes. En campagne, il porte le bouclier noir et grossier du fantassin, tandis qu'à ses côtés trotte le page chargé du bouclier de parade, recouvert de velours bleu semé des fleurs de lis impériales.

Ce qui frappe tout d'abord en Théodore, c'est une heureuse combinaison de souplesse et de force, de force surtout. Né orgueilleux, violent, porté au plaisir, il commande à ses passions en ce sens qu'elles ne lui font jamais dépasser les limites qu'il s'est tracées. On l'a injustement accusé d'ivrognerie, et moi-même j'ai accueilli sur ce point des informations que j'avais lieu de croire plus exactes. Il est fort sobre, mange peu, boit davantage, mais jamais jusqu'à une surexcitation marquée, encore moins jusqu'à une ivresse brutale, plus digne d'un roi yolof ou mandingue

que d'un souverain de la chrétienne Abyssinie.
Quant aux femmes, elles n'ont jamais eu la
moindre influence sur sa vie publique. J'en
excepte toutefois sa première épouse, la bonne
et regrettée Tzoobedje, pour laquelle il eut toujours une sorte de culte. C'était d'ailleurs la
compagne fidèle de ses jours d'épreuve, et quand
il la perdit, il y a sept ou huit ans, il vit dans
cette mort un châtiment que le ciel lui infligeait
pour avoir fait brûler vive une femme au Godjam. Tzoobedje l'avait maintenu dans la vie
simple et dans les pieuses pratiques d'un Abyssin du vieux temps, et quand elle fut morte, il
vécut dix-huit mois dans la continence la plus
austère.

Un mariage d'ambition a été la cause indirecte des désordres qu'il a depuis affichés. Pour
en finir par une sorte de fusion avec les prétentions de la famille d'Oubié, il a épousé, il y a
six ans environ, la fille de ce dernier, la jeune
et belle Toronèche, qui avait dans toute l'Abyssinie la réputation d'une princesse accomplie.
Spirituelle, instruite, charmante, elle n'avait
guère d'autre défaut que l'orgueil obstiné qui
est un travers assez général chez les Abyssines
d'un certain rang. Pendant deux ou trois ans,
l'union la plus parfaite régna dans cet intérieur.

Théodore avait pour sa gracieuse compagne une tendresse où l'orgueil entrait pour une grande part, et quand elle lui eut donné un fils, il réunit tous les grands dans une fête théâtrale où il leur montra le nouveau-né, en disant : «Voici celui qui règnera sur vous!» Il est douteux que les assistants aient pris au sérieux cette parole, contre laquelle les fils aînés du négus avaient droit de réclamer. Un jour, à l'occasion des fêtes de Pâques, *iteghé* Toronèche demanda à son mari la grâce de quelques chefs tigréens retenus dans les fers pour leur attachement à Oubié. Cette demande légitime excita au plus haut point les soupçons de l'irritable négus, « Qu'est-ce à dire ? répliqua-t-il : est-ce que tu préférerais ton père à moi? — Peut-être bien, » répondit l'altière princesse. Elle avait à peine parlé, qu'un violent soufflet tomba sur sa joue. Bell, qui voulut intervenir, en reçut un autre. Oubié, qui depuis le mariage était rentré en faveur, fut mis aux fers, et n'a pas recouvré depuis sa liberté. En outre, le négus, pour piquer sa femme au vif, prit aussitôt quatre favorites dans les rangs les plus infimes. Cette première boutade passée, il les renvoya toutes, sauf une seule, une femme des Yedjo-Gallas, qui n'a aucun des charmes physiques ou moraux de l'*iteghé*, mais qui retient habilement son capricieux amant par une foule de soins et d'attentions que la fière Toronèche a l'imprudence de dédaigner. Ce qui montre bien l'abaissement du caractère national, c'est que le monde qui entoure le négus a pris son parti du scandale. L'église seule proteste par la voix de quelques prêtres hardis. Aux fêtes de Pâques, Théodore, obligé par décorum de communier, n'obtient l'absolution qu'à la condition de promettre de changer de conduite. Il va voir alors l'*iteghé*, qui exerce encore un certain ascendant sur lui, car il est fier, malgré ses infidélités, d'être l'époux d'une femme si admirée. Il passe une heure à s'entendre dire en face les vérités les plus mordantes et les plus dures, et si parfois il s'emporte et menace, l'iteghé lui rappelle froidement que jamais négus n'a tué sa femme, et qu'elle sait bien qu'il n'osera pas commencer. Théodore revient ensuite, un peu honteux, à sa petite cour, fait sa confession publique, déclare « qu'il est bien le pécheur le plus scandaleux de l'Éthiopie, qu'il l'est malgré lui, que c'est une victoire du démon, victoire qui doit nous faire sentir notre faiblesse et notre néant.,. » Il promet finalement qu'il tâchera de mieux faire, et congédie la favorite. Les Pâques faites, il la reprend, et à celle-ci en ajoute parfois une seconde.

Dans ces écarts tout, chez le négus, est calculé pour l'effet. Il est théâtral, *fakerer*, comme disent les Abyssins : c'est juste la nuance que le grand comique latin rend par *gloriosus*. Quand il donne audience à des étrangers, à des chefs qui viennent lui faire des soumissions, il s'accoude négligemment sur deux magnifiques lions apprivoisés, pendant que deux autres se roulent, bâillent ou s'étirent à ses pieds, et il jouit comme un enfant espiègle de l'émotion que ce formidable décor vivant inspire au visiteur. J'ai cru longtemps que cette mise en scène était un caprice particulier du négus, une fantaisie dans le genre de celle de ce ministre russe qui faisait recevoir les visiteurs par un énorme ours apprivoisé : mais j'ai trouvé dans le vieux géographe Sanuto deux textes curieux qui prouvent que les vieux négus se faisaient suivre en campagne, par quatre lions privés, qui, au bivouac étaient gardés dans une tente voisine de la tente impériale.

On conçoit dès lors que Théodore II, antiquaire consciencieux en matière d'étiquette et copiste fidèle du cérémonial des anciens jours, se soit empressé de s'approprier un détail si propre à ajouter à l'effet des audiences et des cérémonies de cour.

Nul n'a plus que lui la pose, le geste, la voix de la royauté qui commande ; il préside admirablement un conseil, une assemblée, et son éloquence, vive, pittoresque avec convenance, manque rarement son effet. Avec un mépris affecté pour les lettrés, qu'il appelle *azmari* (his trions), il est lui-même un lettré de premier ordre ; il a beaucoup cultivé l'amharique, langue usuelle de l'Abyssinie (1), et les juges compétents m'ont affirmé que ses lettres sont des modèles en cette langue. Il aime volontiers à écrire : ses lettres, mystiques de forme, souvent obscures, sont des chefs-d'œuvre de diplomatie africaine. C'est là surtout qu'il faut, comme on dit, *lire entre les lignes*. A travers son pathos mystique et *cromwellien*, percent comme des fusées d'originalité puissante atteignant parfois aux sommets de la poésie. Voici des extraits d'une proclamation de lui aux Européens d'Abyssinie, il y a quelques mois :

« Au nom du Père, et du Fils et du Saint-Esprit, un seul Dieu. Le roi des rois, Théodore,

(1) La langue des livres est surtout le *ghiz*, langue morte qu'écrivent et parlent seulement les gens d'église et les légistes. C'est le latin d'Abyssinie.

créé par la Trinité, serviteur installé et fait
prince par Elle, à ses enfants donnés par Dieu,
tous les Francs. Par votre Dieu et le Dieu de
votre ami Théodore, qui apparut à Moïse au
Sinaï et sur la mer Rouge, qui apparut à Josué
à Jéricho, qui oignit du signe de Samuel Saül
qui cherchait ses ânesses perdues; qui, lorsque
Saül quitta le Créateur, commanda à Samuel
d'oindre David. Comme Salomon fut roi par
David selon la parole du prophète et de son
père, quoique Adonias, sans la volonté de Dieu
eût la faveur de la nation et fut proclamé roi
par elle ; Salomon, de la reine d'Asib (le sud-
est), engendra Menilek, qui fut négus d'Ethiopie. De Menilek à la dynastie des Gallas, tous
les négus ont été des histrions qui ne demandaient à Dieu ni génie ni, avec son assistance,
les moyens de relever l'empire. Quand Dieu me
choisit moi, son serviteur, pour roi, mes compatriotes dirent : « Le fleuve est tari, il n'y a
« plus rien dans son lit. » Et ils m'insultèrent
parce que ma mère était pauvre, et m'appelèrent fils de mendiant. Mais la grandeur de mon
père, les Turcs la connaissent, eux qu'il a rendus tributaires jusqu'aux frontières d'Egypte,
aux portes de leurs villes. Mon père et ma
mère descendent de David et de Salomon,

et ils sont même de la lignée d'Abraham, serviteur de Dieu, mon père et ma mère ! Maintenant, ceux qui m'insultaient du nom de fils de mendiant, mendient eux-mêmes leur pain de tous les jours....

« Sans la volonté de Dieu, ni force ni sagesse ne sauvent de la ruine. Cependant, comme Dieu dit à Adam : « Tu gagneras ton pain à la sueur de ton front, » il faut se tenir éloigné de l'abrutissement (de la paresse qui abrutit). Mais je n'ai pas besoin de vous donner ces conseils, car le proverbe dit : *Ne recommande pas la sagesse à un sage et ne coupe pas la viande à un lion....*

« Bien des puissants dans le monde ont eu abondance de bombes et de canons, et ils ont succombé. Napoléon en avait des milliers, et il est mort vaincu. Nicolas, négus des Moscovites, en avait en foule, et il a été vaincu par les Français et les Turcs, et il est mort sans avoir rempli le désir de son cœur....

« Si vous rencontrez dans vos contrées quelque partisan de Négousié le brigand, qui vienne dire comme les lettrés de ce pays-ci, que l'Éthiopie est gouvernée par le fils d'un mendiant, pariez avec lui une plaine couverte d'or, que moi, l'empereur présent, je suis sur le trône de mes pères, d'Abraham à David et de David à Fasil, et amenez-le ici qu'il soit confronté avec moi. C'est Dieu qui abaisse les puissants et relève les humbles. »

Cette lettre, qui ne paraît ici qu'étrange, est, dans l'original, un chef-d'œuvre de style-Tibère, plein de petits mots obliques, d'allusions sournoises, de protestations contre tout le monde et contre l'opinion publique, d'un immense orgueil sous une humilité feinte. Théodore II est là tout entier.

Le nom de Cromwell m'est souvent venu à la mémoire en entendant parler le négus ou en lisant ses lettres. Il rappelle le fameux protecteur par le pathos théologique dans lequel il enveloppe les inspirations de sa politique mystérieuse. Il subit évidemment, à son insu, les impressions de sa première éducation scholastique et monacale. Chez lui, le théologien a dicté au souverain des actes impolitiques et des rigueurs inutiles, comme l'affaire d'Azazo, au début de son règne. J'ai dit qu'Azazo était une petite ville de marchands théologiens, qui soutenaient sur la nature du Christ une opinion fort subtile, légèrement entachée d'hétérodoxie. Voici de quoi il s'agissait. Le Christ, *né* de toute éternité, est *né* une seconde fois de la Vierge

Marie : c'est le système des *deux naissances,* combattue par ceux qui prétendent que le Christ est né une troisième fois en recevant le baptême des mains de saint Jean. Cette question qui paraît fort stérile, a un très-grand intérêt pratique en Abyssinie, car la théorie *des trois naissances,* tendrait a donner une importancc hors ligne au baptême, qui est le signe national et comme le mot de ralliement de ce peuple cerné de tous côtés de musulmans et d'idolâtres. La chose faillit amener il y a trente ans une conflagration sanglante entre les provinces du centre et le Tigré, partisan des trois naissances. Depuis, les passions s'étaient amorties, d'autant mieux que la secte, bien qu'influente par le fait du mérite personnel de ses adhérents (c'étaient les lettrés les plus subtils et les plus renommés des grands monastères), restait à l'état de mino·rité dans la nation.

Le haut commerce de Gondar appartenait à cette secte, dont les idées, peu dangereuses pour la paix publique, offusquèrent le négus. Il réunit à Gondar un concile qu'il présida en personne, et où les dissidents argumentèrent chaudement contre l'ignorant *abouna* et ses courtisans orthodoxes. Théodore résuma les débats et demanda aux gens d'Azazo : « Reconnaissez-vous l'*abouna*, oui ou non, comme votre chef régulièrement nommé ? — Oui, répondirent-ils sans hésiter. — En ce cas, mes enfants, reprit le négus, vous êtes des séditieux, si vous pensez autrement que l'*abouna*, chef régulier de l'église, et que moi, protecteur temporel de la même église. Vous allez en conséquence abjurer votre erreur, sans quoi le bourreau de l'empire fera tomber vos têtes ici même. » Le bourreau était là, en effet, armé de sa lourde épée inactive depuis un demi-siècle peut-être. Les dissidents, décontenancés, firent observer que c'était là brusquer trop vivement l'action de la grâce, et demandèrent trois jours pour réfléchir. Théodore les leur accorda, leva la séance et les fit enfermer sans vivres et sans eau dans la salle du concile. Je n'ai pas entendu dire qu'un seul d'entre eux ait attendu pour abjurer le soir du second jour. On ajoute, et je le crois sans peine, qu'ils n'ont abjuré que des lèvres.

Il y avait dans les montagnes voisines de Gondar une peuplade à demi sauvage, timide et inoffensive, dernier vestige d'une population qui a probablement précédé les Abyssins actuels dans la possession du sol. Les Kamantes (c'est le nom de cette tribu) pratiquent, à l'ombre de leurs forêts, un paganisme mystérieux, et n'ont pas d'autre industrie que d'approvisionner la capitale du bois de chauffage dont elle manque. Théodore songea un instant à les faire baptiser de force et en masse ; mais un courtisan à qui il communiqua cette idée lui fit judicieusement observer « que le jour où les Kamantes, devenus chrétiens, seraient les égaux des autres Abyssins, ils ne daigneraient plus apporter leurs fagots à la ville, et que Gondar, par suite, ne serait plus habitable. » Ce motif de prudence mondaine préserva ces pauvres gens d'une persécution gratuite.

Il y a environ cinq ans, le gouvernement français réclama, par l'organe de son consul, la libre prédication du culte catholique romain dans l'empire. Théodore répondit par une lettre curieuse dont voici le sens : « Il est vraiment scandaleux pour la chrétienté qu'elle soit divisée en cinq ou six communions ennemies, tandis que l'islamisme offre un corps bien discipliné. Pourquoi un concile œcuménique ne serait-il pas appelé à former une doctrine que tout le monde chrétien serait ensuite tenu d'adopter ? Les pontifes occupant les cinq patriarcats *égaux* de la chrétienté, savoir : Alexandrie, Antioche, Rome, Constantinople, Jérusalem, prononceraient souverainement sur la question de savoir

si l'église doit avoir un chef, et si ce chef doit
être à Rome ou bien ailleurs. Je suis prêt à me
soumettre aux décrets d'un semblable concile ;
mais jusqu'à ce qu'il soit convoqué je reste dans
mon ancienne foi, qui est celle de mes pères, et
je ne permettrai pas d'en prêcher d'autre, car il
ne doit pas y avoir deux religions dans un État
bien gouverné. » Fidèle à ce programme, Théodore ne permet aucune attaque contre l'église
officielle, qu'elle vienne des protestants ou des
catholiques. Tout en protestant de son obéis-
sance à l'église nationale, Théodore ne se croit
pas tenu aux mêmes égards pour un clergé dont
l'influence entrave sa politique, et dont le chef,
abouna Salama, est un conspirateur incorrigible
et notoire. Salama, pendant les dix premières
années de son pontificat, traitait les princes
abyssins avec la morgue d'un parvenu qui se
sent appuyé par les masses. On lui rapporta un
jour que l'*iteghé* Menène, dans un moment d'humeur, l'avait appelé esclave, par allusion à la
somme payée au patriarche d'Alexandrie pour
sa nomination. « Oui, dit Salama, je suis un
esclave, mais un esclave de prix, puisque j'ai
été payé 7,000 talaris. Si l'on mettait l'*iteghé*
en vente au marché de Metamma, on ne trouve-
rait pas 12 talaris pour elle. » Avec Théodore

les rôles changèrent vite, témoin l'anecdote suivante, qui a trop de cachet abyssin pour que je substitue mon récit à celui du narrateur, simple *bacha* (capitaine) dans la garde. « Un dimanche matin, vers six heures, je suis appelé chēz le négus. J'y vais en tremblant, car c'est mauvais signe d'être appelé près de lui si matin. Sa Majesté me dit : « Bacha Georges, va trouver l'*abouna;* appelle-le âne, appelle-le chien. Va ! » Je frappai la terre du front et je répliquai : « Sire, je suis prêt à obéir, mais daignez réfléchir que je suis un simple capitaine, et que vos paroles sacrées auront plus de pouvoir en passant par la bouche d'un *ras* (colonel) (1). — Tu as raison, me dit gracieusement le négus, » et il fit appeler le *ras* de service. » Je connais Salama, et je ne doute pas qu'il n'ait répondu par un profond salut à cet étrange message. Tout cela pourrait bien finir par une catastrophe pour l'un de ces deux ennemis rusés, circonspects, irréconciliables. Déjà, il y a moins de trois ans, l'*abouna* a été enfermé quelque temps à Magdala, et la rigueur de sa captivité n'a été qu'imparfaitement masquée

(1) Ras, titre civil, veut dire connétable, et dans la hiérarchie militaire il se traduit par colonel.

par les égards extérieurs dont il était entouré.

Le négus est un homme instruit, au point de vue abyssin, c'est-à-dire qu'il est versé dans l'histoire nationale, la théologie, et qu'il se rend assez compte de l'état de l'Europe contemporaine. Quant à notre civilisation, il m'a paru qu'il la prisait très-fort au point de vue matériel, tandis qu'au moral il la plaçait un peu bas. On s'expliquera ces préventions en songeant que les cinq sixièmes des Européens, que l'amour des voyages ou le désir de faire fortune attiraient en Abyssinie, y ont laissé les souvenirs les moins propres à faire aimer ou honorer le nom *franc*. Les troubles du Tigré, en rendant l'Abyssinie plus familière à nos oreilles avaient attiré dans ce pays nombre de chercheurs d'aventures, ingénieurs, fondeurs, officiers instructeurs à brevet problématiques. J'en ai connu un qui, ayant fait de fortes avances de fusils à Négousié, eut l'audace, après la mort du prétendant, d'aller présenter au vainqueur la note des fusils fabriqués pour le détrôner. Théodore rit, donna 100 talaris à cet homme et le mit à la porte. Aujourd'hui une pareille plaisanterie aurait d'autres suites.

Il n'est pas étonnant qu'avec de pareilles idées, le négus soit peu disposé à favoriser l'émigration temporaire de ses sujets, soit en Europe, soit dans les pays musulmans. Il trouve son compte à nourrir chez son peuple l'idée orgueilleuse que l'Abyssinie est le centre et la perle du monde, mais lui-même sait parfaitement à quoi s'en tenir là dessus. Il n'ose pas empêcher les fidèles amharas de faire le pèlerinage de Jérusalem, mais il fait ce qu'il peut pour les en dégoûter, et quand ils en reviennent, il aime à les interroger publiquement sur les beautés de la terre sainte comparée à l'Abyssinie. Les pèlerins s'empressent de déclarer que la terre d'Israël est aride, pelée, nue et maudite, avec un grand marais salin et plombé et un fleuve auprès duquel le Takazzé serait une véritable mer. Théodore se tourne alors vers l'auditoire : « S'il en est ainsi, dit-il, de la terre sainte, du sol que Dieu lui-même a choisi pour son peuple, que doivent être les autres pays d'Occident? Bénissons Dieu, mes amis, d'être nés dans ce paradis terrestre qu'on nomme l'Abyssinie! »

Tous les traités de géographie, en parlant de l'empire Abyssin, lui donnent Gondar pour capitale. Elle l'est jusqu'à un certain point, par ses souvenirs, par son importance relative, dans le même sens qu'Amsterdam est le capitale des

Pays-Bas. Théodore n'aime pas cette ville, qu'il appelle un nid de prêtres et de lettrés séditieux. Même quand il y habite par hasard, il est rare qu'il occupe les vastes salles du *Ghimp*, du palais des vieux négus : il fait dresser ses tentes dans la cour ou dans le jardin, et c'est là qu'il donne audience. Il ne passe jamais les fêtes de la Croix et de Noël deux fois de suite dans le même endroit : l'Ambadjara, Derek-Oanz, près Derita, Devra Tabor, Isti, Vofarghef, sont ses résidences préférées. Il imite en cela, sans s'en douter, Pépin et Charlemagne. Sa vraie capitale, c'est son camp qu'il transporte sans cesse d'un bout à l'autre de l'empire. Le dernier voyageur qui l'ait visité, M. de Bisson, croit que cette humeur itinérante est personnelle au négus actuel et l'effet d'un calcul profond ; selon ce voyageur, Théodore aura vu que, dans les révolutions et les guerres modernes, le sort d'un État suit toujours celui de la capitale, et il aura voulu, en mobilisant la sienne, mettre l'Abyssinie à l'abri d'une surprise de ce genre.

Je pense que le négus raisonne ainsi ; mais un très-ancien passage du vieux géographe Livio Sanuto, dont j'extrais ci-joint quelques fragments, me prouve suffisamment qu'en cela, comme en une foule d'autres choses, Théodore n'est que le continuateur de la vieille tradition, un antiquaire logique et intelligent. Les vieux négus, chefs du peuple le moins nomade du monde, mais ayant à défendre une frontière immense, ouverte de tous côtés, ont voulu être toujours prêts à la protéger. Sous ce rapport, la fondation de Gondar a été la ruine de cette dynastie : les négus se sont peu à peu accoutumés à être adorés comme des idoles asiatiques, et la noblesse, qui avait foi en eux du temps qu'ils portaient l'épée, les a vite traités en rois soliveaux.

Voici la traduction du passage de Sanuto :

« Ce seigneur n'a pas de résidence fixe où il se tienne régulièrement ; mais, toujours errant, il va de ci de là avec ses tentes armées dans la campagne dont bon an, mal an, elles peuvent former un camp de cinq à six mille, parce que généralement, là où il fait dresser ses tentes, ses gens, sur une étendue de dix à douze milles, sont tellement massés qu'ils semblent se toucher. La dixième partie est bien vêtue et se compose d'hommes riches qui ont des tentes de grand prix. Les grands seigneurs ont avec eux (on peut le dire) chacun une ville qui les suit ; mais les autres sont vêtus de peaux et sont pauvres. Les mules de selle qui accompagnent la cour sont au nombre de plus de cinquante mille. Les chevaux sont peu nombreux, et comme on ne les ferre pas ils se blessent les pieds. Quand il arrive que le *prêtre Jean* (l'empereur) fait un long voyage, les villages par où il passe se remplissent de chevaux blessés qu'on lui envoie plus tard *pianpiano*. Souvent il marche en ligne droite ; personne ne sait où il va, et ceux qui alors l'escortent sont peu nombreux, bien montés et ont le visage couvert de façon à ne pas se connaître l'un l'autre. Derrière eux viennent beaucoup de gens montés à mule , mais les pierres sacrées de l'autel, *ses églises*, il y en a treize, se portent par le chemin droit, et le peuple suit jusqu'à ce qu'il trouve dressée une tente blanche autour de laquelle chacun se loge selon le poste qui lui est assigné ; souvent il arrive que le prêtre Jean ne dort pas dans cette tente, mais va se loger dans un monastère ou une église. Dans les tentes, pourtant, on chante et on fait de la musique comme si le prêtre Jean y était, mais pas aussi bien, et quand il n'y est pas on s'en aperçoit à d'autres signes plus apparents. »

Ces dernières lignes me semblent dire clairement que, lorsque le négus n'est pas au camp, Bacchus et Vénus ont libre carrière, même au quartier ecclésiastique. L'observation est toujours vraie. Le négus actuel maintient une discipline fort sévère dans sa maison et son état-major, et j'ai été témoin, au camp du Godjam, d'une correction épouvantable donnée à des serviteurs de sa tente qui, après boire, s'étaient querellés assez haut pour troubler sa méditation. Ce jour-là, par parenthèse, il pleuvait des bastonnades. Je me souviens qu'en me mettant à table j'entendis, derrière la tente impériale où je mangeais, un bruit régulier rappelant assez celui des tapis qu'on bat pour les épousseter. Je ne sus que plus tard ce que c'était. Les jolies filles attachées à la panneterie n'avaient pas fourni leur pain à l'heure fixée ; c'est pourquoi on les avait couchées à plat ventre, côte à côte, et de rudes flagellants armés de longues baguettes s'étaient escrimés sur leurs épaules nues, en cadence, comme des batteurs de blé. Pas une n'avait jeté un cri, à peine quelques soupirs !

La bravoure personnelle du négus n'a jamais été révoquée en doute ; il n'est même que trop porté à s'exposer dans une bataille et surtout dans un de ces duels brillants où sa supériorité de soldat lui a toujours assuré la victoire. Sans parler de ceux que j'ai racontés, il en a eu de plus récents, celui par exemple où il a tué d'une balle au front le meilleur des généraux de Tedla-Gualu, il y a quatre ans. Il est magnifique à la tête d'un escadron lancé à toute bride, quand, enivré de mouvement et de fumée, il jette d'une voix pleine et brève son cri de guerre : *Abba Sanghia!* Ses talents de général et de stratégiste sont plus discutables. La campagne du Godjam, à laquelle j'ai assisté, a été si décousue et si pitoyable, que je me suis demandé sérieusement si Théodore ne faisait pas durer la guerre par calcul. Sa tactique a un cachet mystérieux et sinistre, bien fait pour frapper les imaginations. Ainsi, après quelques jours de repos, l'armée reçoit l'avis de se tenir prête à marcher le lendemain dans une direction donnée, au sud par exemple. Deux heures après, au coucher du soleil, le négus monte à cheval, impassible et taciturne. Trente fusiliers choisis se groupent autour de lui, cinq ou six cents cavaliers sûrs le suivent à cinq pas ; il se dirige au nord ou à l'ouest, nul ne sait où et ne tient à s'en informer. Quelques jours se passent sans nouvelles ; puis on apprend que Théodore a surpris, après une longue marche forcée où il a recueilli des renforts épars dans les cantonnements, une province rebelle où il a fait un massacre formidable. Puis une proclamation impériale est lancée dans tous les districts ; elle dit : « Ecoutez ce que dit *Djan-Hoï* : « J'ai châtié les pervers ; j'ai tué vingt-deux mille hommes. Paix aux honnêtes gens, et que nul ne s'inquiète ! »

Quant au commun des soldats, le négus pense judicieusement qu'un peu d'amour n'est pas inutile pour leur faire oublier les mauvais jours qu'ils traversent ; aussi le camp est-il une véritable abbaye de Thélème. Cela vient principalement du mode vicieux de l'approvisionnement ; chaque soldat, recevant sa ration de farine brute, se voit obligé d'avoir une femme (servante ou femme légitime) pour lui faire sa cuisine. Lefèvre vante avec raison la compagne du soldat abyssin, comme fidélité, résignation, sobriété ; elle suit son guerrier dans les marches les plus pénibles, portant sur le dos sa batterie de cuisine et souvent même un lourd *gombo* d'hydromel. Parfois, telles de ces femmes accouchent au bord de la route ; dans ces cas-là, c'est le négus qui adopte l'enfant, et je dois ajouter que cette faveur est très-prisée, car, plus tard, ce terrible parrain ne néglige pas ses pupilles.

Il n'est pas hors de propos de jeter un coup

d'œil sur le principal instrument de domination de Théodore : je veux parler de l'armée régulière. Cette armée a succédé à l'ancienne armée féodale, peu sûre, et dont les hommes n'étaient solidement dévoués qu'à leurs suzerains immédiats : excellent élément de guerre civile. L'armée actuelle se compose d'un noyau de combattants qu'on peut évaluer à quarante mille hommes, et qui accompagne partout le négus ; plus, des camps temporaires placés sur divers points de l'empire, surtout dans les provinces suspectes. Tous ces camps réunis peuvent compter cinquante mille hommes disponibles.

Quant à la valeur réelle de cette armée, voici le jugement qu'en porte un officier compétent, M. le comte de Bisson, qui a visité l'Abyssinie cet été.

« L'instruction militaire laisse certes beaucoup à désirer. Toujours on combat sur deux lignes, la cavalerie aux ailes, le front de bataille couvert par les tirailleurs. Cet ordre parallèle est constant.

« L'infanterie est armée d'un sabre très-long et très-recourbé, de la lance et du bouclier. Elle attaque, à l'arme blanche, avec la plus grande impétuosité. La cavalerie légère est la première du monde pour le fond des chevaux, l'adresse et l'agilité des cavaliers ; dans la charge, ils laissent flotter la bride, combattent des deux mains, et font exécuter à leurs chevaux des voltes et des tours de force prodigieux, avec le secours seul des jambes et des genoux.

« Ils ont chacun un sabre et deux lances. A quinze mètres, elles atteignent toujours le but. A cette distance, le coup est mortel. Il s'en servent comme d'un javelot, quoique elles aient environ deux mètres de longueur. Chaque cavalier est accompagné d'un serviteur. Sa mission est de s'élancer le sabre à la main, sans calculer le danger, au milieu des ennemis, pour y prendre l'arme de son maître et la lui rapporter. C'est avec furie que cette cavalerie attaque un carré. Reculer est un déshonneur, elle ne le subit jamais ; faire bondir les chevaux par-dessus les fantassins, pour elle est un jeu ; les faire marcher à reculons pour enfoncer les lignes ennemies, est une manœuvre désespérée qu'elle emploie à l'occasion. L'artillerie seule peut l'arrêter.

« Les tirailleurs, au nombre de vingt mille, sont tous des montagnes du Tigré. Ils combattent en partisans ; la justesse de leur tir est remarquable et leur bravoure froide, impassible, railleuse même ; l'armement est bon, fusils à percussion ; la poudre est défectueuse, chaque tirailleur devant la fabriquer lui-même.

« L'artillerie est nulle, faute d'artilleurs ; puis cette arme ne convient guère au génie guerrier de Théodoros. C'est l'homme aux coups de foudre, aux marches électriques ; tout ce qui entrave ou retarde la rapidité de ses opérations, à ses yeux est inutile, nuisible même. »

C'est, à tout prendre, une armée sérieuse, bien que je ne partage pas toutes les opinions de l'honorable général que je viens de citer. Ainsi je ne crois pas que l'infanterie, malgré la bravoure presque folle des individus qui la composent, soit bien formidable à l'attaque, ni que les fusiliers (neftenya) soient des tireurs distingués. Il est regrettable que le soldat abyssin comprenne si peu la tactique européenne, qu'il est disposé à la regarder comme une flétrissure pour les troupes qui s'y soumettent.

Avant 1860, Théodore, converti à l'excellence de la discipline franque, avait confié deux bataillons à son ami Bell, à titre d'expérience, pour en faire un noyau d'infanterie *alla franca*. L'essai avorta le second jour, au milieu d'une sédition violente : il était tout simplement question d'écharper l'instructeur. Théodore voulut se fâcher ; les soldats, pour la première et der-

nière fois, méconnurent la voix du « roi **des**
rois », et parlèrent vaguement de pendre Bell
et lui à la même corde. Il n'a pas insisté.

Le soldat abyssin, je l'ai dit, est brave ; mais
il abuse du privilége d'être sans peur, pour ne
pas être sans reproche. C'est un véritable ban-
doulier du moyen-âge, et bien que paysan lui-
même, il est impitoyable pour le paysan désarmé chez lequel il passe. Par compensation,
quand il a mené quinze ou vingt ans cette existence, il *fait une fin*, non comme le troupier
français, en entrant dans la gendarmerie ou
dans la régie des tabacs, mais en se faisant
moine. Je ne parle pas du moine jovial et pansu
d'Italie, mais de l'ascète africain, héritier des
confesseurs de la Thébaïde.

Malgré sa cruauté et sa propension au pillage,
le soldat abyssin en campagne est admirable
comme patience, résignation, sobriété. Ces
qualités sont souvent mises à de rudes épreuves,
grâce au système défectueux des approvisionne-
ments et des campements. Dans les conditions
les plus favorables, le soldat reçoit son blé
brut : il lui faut donc une femme pour le mou-
dre, pour faire le pain, sans compter les pages,
les serviteurs, les muletiers. Tout cela fait des
non-valeur telles que j'ai vu un bataillon qui

consommait mille rations ne compter que deux-cent vingt-deux soldats sous les armes.

Quant au campement, l'imprévoyance y dépasse tout ce qu'on peut imaginer. Pendant la saison des pluies, le soldat, campé dans des plaines argileuses et noyées, mal abrité, mal nourri, est largement moissonné par la dyssenterie et le typhus : il ne déserte pas, il ne murmure même pas. Dans les campements comme en marche, le négus, antiquaire passionné, comme je le dis ailleurs, remet en honneur toût ce qu'il y a d'applicable dans le vieux cérémonial de ses prédécesseurs, tel que je le trouve dans Sanuto auquel je fais un dernier emprunt.

« Le *prêtre Jean* monte vraiment à cheval avec la couronne en tête, mais entouré de courtines rouges et de longues bannières portées adroitement par les soldats qui l'entourent.

« Au milieu sont six pages : deux tiennent le frein ou caveçon de la mule que monte le seigneur, et la mènent ainsi par la bride ; deux ont là main posée sur son cou, et les deux derniers sur la croupe. En dehors des courtines, en avant du prêtre Jean, sont vingt pages bien vêtus, en bon ordre, et précédés de six chevaux menés chacun par quatre hommes richement parés, dont deux sont à la bride et deux à la croupe. En avant des chevaux, il y a six mules conduites de la même manière ; en avant encore, vingt gentilshommes illustres à cheval ; puis, tout à fait devant, les ambassadeurs s'il y en a... Les tentes du prêtre Jean sont dressées l'arrière à l'Est et la porte à l'Ouest, toujours quatre à cinq réunies ensemble : C'est son habitation ordinaire ; elles sont entourées de hautes courtines appelées ici *Mandilate* tissues à carreaux blancs et noirs. Quand il veut séjourner quelque temps, on entoure les tentes d'une haie d'environ un mille de circuit et on y fait douze portes ; la principale à l'Ouest ; puis deux, autres l'une au Nord qui sert pour l'église de Sainte-Marie de Sion, l'autre au Sud pour l'église de la Sainte-Croix. »

J'ai été témoin de toute cette mise en scène à chaque étape de la campagne du Godjam, racontée plus haut. Chaque matin, avant le départ, les bagages du négus étaient expédiés en avant, et après quelques heures de marche au pas accéléré, on voyait avec un certain soulagement poindre au flanc de quelque colline les tentes impériales, les unes blanches, les autres rouges, ou bleues. Cela faisait songer aux *tabernacula* de la Bible. Toujours la tente la plus proche de la sienne était l'église, où se célébrait la messe : une autre, plus éloignée, était celle de la favorite, qui n'était pas toujours la même. Je lui en ai vu deux ou trois durant cette courte campagne. La tente, pour Théodore, est le signe de la possession incontestée : quand il écrit à un chef ennemi de se soumettre, il lui dit : «Préparez moi ma tente (*dunkuan*). »

Quoi qu'on en puisse penser, Théodore II n'est pas cruel.

Par un contraste que comprendront ceux qui l'ont vu de près, ce terrible homme aime les actes de bienfaisance, adopte des orphelins, assure leur avenir, les marie de sa main, ne les perd jamais de vue. Il adore les enfants, et a pour eux des attentions et câlineries de grand-père ; ils lui font sans doute oublier les bassesses et les trahisons dont il se croit entouré. « Il n'y a pas un de vous qui m'aime, dit-il parfois aux courtisans qui l'entourent. Les gens qui remplissent mes prisons sont plus heureux que moi, car il y a des gens qui les aiment et pensent à eux. Quand je serai mort, il n'y aura pas un de vous qui jettera une poignée de terre sur mon tombeau ! »

A cela on pourrait trop aisément répondre qu'il a tout fait pour se rendre redoutable, et qu'il n'a rien fait pour gagner les sympathies. Sa défiance systématique a jeté dans les fers presque tous les représentants de la féodalité de l'empire. Cette féodalité a engendré tous les maux qui ont précipité l'Abyssinie dans l'abîme où elle roule depuis un siècle et plus ; cependant, pris individuellement, la plupart de ces grands vassaux étaient des hommes d'une nature fière, digne et estimable. Je n'en citerai que deux, qui vivent toujours, Balgada Arœa et *ras* Oubié (qu'il ne faut pas confondre avec le vaincu de Dereskié). Ce dernier est un beau vieillard d'une figure douce et fine, qui comprend les Européens et les aime. La compagne de sa longue existence vint partager ses chaînes ; le négus essaya de les intimider et de les séparer par un divorce : ce fut en vain. « Votre majesté, lui dit la noble femme, peut nous faire périr, elle ne peut nous séparer, car le ciel nous reste. »

L'arrestation de Balgada fut caractéristique. Sous prétexte de venir rendre hommage au négus, il s'était présenté à lui à la tête d'une armée de Tigréens, comme pour le braver. Théodore n'était pas homme à se laisser provoquer de la sorte ; il reçut gracieusement Balgada, le fit dîner avec lui, lui prit le bras pour

lui montrer l'intérieur de son camp, et, à la fin
de cette promenade amicale, le fit jeter aux
fers. Balgada s'emporta, injuria Théodore qui
assistait, impassible, à l'exécution de ses ordres,
et lui demanda quel crime il avait commis.
« Aucun, répondit le négus. Je t'arrête parce
que le Tigré t'aime et que tu es assez fort et
assez fou pour faire une nouvelle révolution. —
Fais-moi donner un cheval et un sabre, disait
Balgada exaspéré, et prouve-moi le sabre au
poing que tu es digne du trône ! — Dieu m'en
garde ! répliquait Théodore sans s'émouvoir.
L'Abyssinie a bien eu assez de paladins sans
cervelle comme toi, et c'est ce qui l'a perdue. Il
lui faut aujourd'hui un maître et de l'ordre. Va,
et que Dieu te délivre ! » Ce mot n'était pas,
comme on pourrait le croire, une raillerie amère,
il doit se traduire ainsi : Prie Dieu d'amener
des jours assez calmes pour que je puisse, sans
danger pour la paix publique, rendre la liberté
à toi et à tes pareils. »

Cette arrestation était sans doute, une violence
coupable ; mais Balgada l'avait provoquée par
une de ces bravades que le chef d'un grand État
ne peut tolérer. L'armée tigréenne ne bougea
point ; elle sentait d'instinct que son vrai souverain, en châtiant un de ces brillants paladins

qui sont la gloire et le fléau de leurs pays, faisaient œuvre d'ordre, quelle que fût l'irrégularité des moyens employés.

Nous avons conduit le lecteur au cœur même des événements contemporains. Que conclure de cette série de luttes confuses que nous avons essayé de raconter? Il est bien certain que depuis neuf ans l'Abyssinie entière se résume dans un seul homme. De tous les rivaux, plus ou moins factices qui ont été opposés à Théodore, pas un n'a été un prétendant sérieux. Le plus fort, Agau Négousié, était l'indécision même et le jouet de mille intrigues. Le dernier des rois fainéants, *hatzé* Iohannès, à qui certains politiques européens ont songé, est un homme de mœurs douces, un lettré, un poëte, mais un prince sans prestige et sans caractère. Le terrible souverain devant lequel tremble l'Abyssinie parle à Iohannès avec soumission, l'appelle *mon maître*, n'oserait pas s'asseoir devant lui, mais le laisse froidement s'éteindre dans la misère, au fond du palais désert de ses ancêtres que l'ironique générosité du négus lui a laissé. Reste Tedla-Gualu, dont les fauteurs d'insurrection cherchent à faire un grand homme; c'est simplement un petit prince habile, qui se rend pleine justice en évitant toute prétention à la couronne, et qui ne demande qu'à vivre en souverain dans son fief du Godjam, saus avoir à payer tribut à qui que ce soit.

Théodore II tient avant tout à perpétuer sa dynastie, et avec elle l'empire qu'il a restauré. Il affecte là-dessus une confiance inébranlable : est-elle bien réelle? Voici, en tout cas, comment il raisonne : « Dieu a promis l'avenir à la maison de David. De cette maison, je suis le seul héritier parmi tous les souverains contemporains : l'avenir est donc à moi, ou du moins à ma lignée. Je puis succomber, mais ma lignée doit triompher, car les prophéties ne peuvent mentir. » Il a deux fils adultes de sa première femme. Le premier est une sorte de Caliban vulgaire, méprisé et détesté de son père, qui l'écarte avec soin de tout rôle politique. Sa férocité rendrait jaloux un roi de Guinée : à la suite de je ne sais quelle émeute insignifiante qu'il fut chargé de réprimer, il envoya à son père une corbeille pleine d'yeux arrachés. Quelquefois il introduisait dans l'oreille des patients des cartouches auxquelles on mettait le feu pour leur faire sauter le crâne. Ivrogne et bavard, il allait boire l'hydromel chez quelques grands officiers et leur dire du mal du négus. Celui-ci, averti, le mit quelques temps aux arrêts dans une écurie à ânes, en lui disant « qu'il y serait en famille (1). »

Tout autre est le second fils (l'héritier probable dit-on), *dedjaz* Mechecha, charmant jeune prince de vingt-deux ans, qui s'est rendu si populaire dans le gouvernement du Dembea, dont il fut investi vers 1861, que Théodore a cru prudent de le rappeler. « Que signifie cette recherche de popularité? lui a-t-il dit durement. Est-ce que tu aurais la pensée de faire comme Absalon, de t'emparer de la faveur du peuple pour supplanter ton père? » Les hommes politiques qu'effraient les violences sans frein de Théodore espèrent beaucoup en Mechecha, et nul doute qu'en cas de mort du négus actuel les plus sages et les plus influents ne se rallient autour de ce jeune homme brave et sympathique; mais aura-t-il pour dominer ce peuple capricieux la main de fer de son père? Il est au moins permis d'en douter.

Devant l'incapacité presque absolue des Abyssins à se gouverner eux-mêmes, de bons esprits, préoccupés avant tout de paix et d'ordre, ont prononcé le mot d'intervention étran-

(1) J'ai appris dernièrement que ce sauvage a été tué, et on m'a même ajouté que c'est par ordre de son père. Cela n'a rien d'impossible, mais mérite confirmation.

gère. Je pense qu'ils sont allés trop loin ; ce sont là des remèdes extrêmes auxquels il ne faut recourir que là où l'ordre social est profondément atteint. On a cru tout dernièrement que le gouvernement anglais à bout de patience se préparait à agir vigoureusement contre le souverain de l'Abyssinie. Des renseignements auxquels on a tout lieu d'ajouter foi permettent d'affirmer, au contraire, que le *foreign-office* use des plus grands ménagements pour obtenir à l'amiable la liberté de ses nationaux, et évite avec soin tout ce qui pourrait pousser le négus à une de ces sanglantes folies qui, malheureusement, ne surprendraient personne. Cette prudence est louable et a l'avantage de préparer une solution désirable sans engager l'avenir ; mais, quoi qu'il arrive, cette question de l'avenir se dressera toujours devant les grandes puissances que les événements ont créées arbitres des destinées de l'Orient chrétien. Il faudrait une grande étroitesse d'idées pour ne voir la question d'Orient que sur le Bosphore ou aux lieux saints : c'est une question à mille faces, toute positive pour les uns, toute philosophique pour les autres, imminente pour tous. Elle sommeille et menace d'éclater partout où se trouve engagé un grand intérêt européen, commercial, humain, religieux (car toute question chrétienne qui entre dans le domaine politique devient forcément une question européenne). Le Levant nous a gardé bien des surprises qui nous ont souvent trouvés au dépourvu : ce n'est pas la faute des gouvernements, occupés de mille soins divers, c'est celle des informateurs attitrés, agents diplomatiques, voyageurs en missions, savants, qui auront négligé de chercher la vérité ou qui l'auront plus ou moins innocemment travestie. C'est la mienne aussi, si je n'ai pas réussi par cette étude à mettre en pleine lumière un fait indiscutable et une conviction que chacun peut discuter. Ce fait, c'est que ce peuple abyssin, où le vulgaire voit une sorte de peuple nègre à peine moins féroce et moins abruti que les autres, est une forte, vivace et intelligente nation, sœur de l'Europe par les traits physiques et plus encore par son étrange civilisation, qui nous reporte aux temps les plus curieux du moyen âge : c'est que Théodore est un des hommes les plus remarquables de ce siècle, un homme de génie submergé par un milieu barbare, et qu'une fatalité parfois méritée pousse aux abîmes. La conviction que je voudrais faire partager aux esprits sérieux, c'est qu'un peuple qui a eu l'énergie de conserver, en pleine Afrique, et cerné par la double barbarie musulmane et païenne, tant de grandes et nobles choses à commencer par le christianisme, mérite la tutelle efficace et réparatrice de l'Europe. Faire abstraction de mesquines rivalités, de questions étroites de secte ou de prétendues légitimités, aider l'Abyssinie à retrouver l'ordre et l'unité sans le despotisme, à se constituer un gouvernement énergique, éclairé, ami de l'Europe, à chercher en elle-même les éléments de sa rénovation, suivant le programme (depuis trop oublié) de Théodore II, — voilà certes une politique large, élevée, nullement chimérique et sentimentale, n'en déplaise à ceux qui regrettent que la France ait sauvé la Grèce en 1827. Cette politique n'a jamais été perdue de vue par les deux représentants français et anglais que le hasard et leur propre volonté ont mêlés aux affaires contemporaines d'Abyssinie. J'ajouterai que ces épreuves mêmes n'ont en rien altéré leur foi dans l'avenir d'une nation qui n'est pas, sans quelque dessein secret de la Providence, restée seule libre et chrétienne au milieu de cette Afrique dégradée et perdue. Qu'il me soit permis au moins de l'affirmer pour moi-même.

VIII

L'esquisse que je viens de tracer n'aura pas
entièrement rempli le but que je me suis assigné, si je ne parviens à en tirer des conclusions
et des faits instructifs sur la question complexe
de nos intérêts dans ces contrées peu connues.

Les agitations récentes de l'Europe, celles que
l'on prévoit encore ont converti beaucoup d'esprits circonspects à une théorie qui peut se résu-
mer ainsi : — « Nous sommes assiégés de complications et de difficultés prochaines : à peine
avons-nous assez de notre temps pour embrasser
l'horizon qui nous entoure, à quoi bon regarder
au loin et disperser notre attention aux quatre
coins du monde ? Rien de plus trompeur, d'ailleurs, de plus dangereux, que les questions mal
connues : évitons-les donc, et loin d'aller au
devant d'elles, chassons-les s'il se peut quand
elles viendront nous chercher. »

C'est sagement raisonné, à coup sûr : reste
à savoir jusqu'à quel point on peut se dérober

aux questions qui surgissent inopinément. Si,
en dehors de l'Europe, nous n'avons à veiller
qu'à nos intérêts purement matériels, notre
tâche peut paraître au premier abord, et pour
la mer Rouge surtout, singulièrement simpli-
fiée. Il y a trente ans, le commerce français
semblait ignorer absolument l'existence de la
mer Rouge. Quelques voyageurs hardis s'y
aventurèrent et s'aperçurent que nous pouvions,
sans passer par le coûteux intermédiaire des
marchands indigènes, nous y pourvoir directement de café, d'ivoire, de poudre d'or, de
musc, de perles : puis, comme il arrive toujours,
un enthousiasme irréflechi poussa de ce côté
des hommes qui avaient plus d'audace que
d'aptitude commerciale, de lumières sur le pays,
de capitaux permettant de créer des entreprises
sérieuses. Il y eut quelques succès, beaucoup
de mécomptes, et nos compatriotes finirent par
reconnaître à leurs dépens que, dans ces pays
éloignés, ce n'est pas assez d'avoir à lutter contre
la routine, le fanatisme, les corporations sécu-
laires et bien disciplinées, mais qu'il faut encore vaincre la malveillance latente ou franchement déclarée, polie ou brutale, des chefs et
des agents de l'autorité indigène. On comprit,
en un mot, que pour des Européens, le com-

merce est difficile là où il y a des agents consulaires, et à peu près impossible là où il n'y en a pas. C'est par là qu'on eût dû commencer.

Les voyages officiels de Lefevre, Rochet (d'Héricourt), Ferret et Galinier, avaient mis la mer Rouge en faveur dans les hautes régions : on leur dut la création, en 1841, de l'agence consulaire de Massaoua, destinée à être une sorte d'antichambre de l'Abyssinie. Le passé plaidait pour le choix de Moka, où nous avions, au siècle dernier, une factorerie florissante qu'on eut sans doute tort d'abandonner, mais que la décadence actuelle du commerce de Moka ne permet guère de rétablir. M. Guizot se borna à instituer à Moka un agent indigène pour le cas fort éventuel où le pavillon français se montrerait dans cette rade, et envoya, comme je l'ai dit plus haut, M. Degoutin à Massaoua.

Les instructions qui lui furent données n'avaient trait qu'à la protection des commerçants français en ces parages et aux informations qui pouvaient intéresser notre commerce. Mais, dès les premiers pas, cet agent pratique et persévérant put se convaincre de l'inanité de la distinction que certains politiques de cabinet essayent d'établir entre les questions politiques et commerciales dans le Levant. Il ne faut pas

juger de ces colonies éloignées de la Porte par
ce qui se passe plus près de nous, dans les Echel-
les de l'Archipel ou de la Syrie, là où l'affluence
des étrangers a émoussé les haines fanatiques,
fait prédominer les questions de lucre, et habi-
tué les autorités les plus malveillantes à compter
avec des griefs légitimes, soutenus par la
fréquente apparition des pavillons européens.
Dans toute la mer Rouge, au contraire, un fanatisme accru par le voisinage des « villes saintes »,
par les souvenirs des luttes sanglantes avec les
chrétiens, Venitiens, Portugais et Abyssins, par
l'autonomie sauvage et anarchique de populations nomades chez lesquelles la Porte n'occupait
que quelques forts clair-semés, tout cela rendait
l'établissement d'une agence consulaire dans
ces parages fort hasardeux, plein de dangers,
d'incertitudes. Si les populations n'étaient pas
assez disciplinées, le commerce, en revanche,
l'était un peu trop. Il était, depuis quatre
siècles au moins, livré au monopole des Banians indous et des Hadramauts arabes, corporations puissantes qui, violemment pressurées
par les chefs indigènes et par les officiers de la
Porte, rendaient aux négociants abyssins, obligés de passer par leur intermédiaire, les avanies
qu'elles avaient à subir. Les corporations d'une

part, les naïbs, les pachas et les agas de l'autre, réalisaient d'immenses bénéfices au détriment du commerce abyssin, réduit à céder ses produits à vil prix, et du consommateur européen ou indien qui les payait fort cher. Un agent français, établi dans un pareil milieu, avait pour ennemis naturels les marchands dont il menaçait les intérêts, et les autorités, qui voyaient en lui un censeur et un obstacle à leurs concussions. Enfin, le pavillon français se montrait dans ces parages en de malheureuses circonstances. Les ports de la mer Rouge échappaient à Méhémet-Ali, dont l'administration ferme, relativement régulière, protectrice de tous et principalement des Européens, a laissé dans le pays d'excellents souvenirs. Aux yeux des gouverneurs nouveaux que la Porte envoyait dans ces ports, nous étions les amis impuissants de Méhémet-Ali, les ennemis de la Turquie, et un peu enfin les vaincus de la quadruple alliance. Comme si cela n'avait pas suffi pour annuler notre influence, les Anglais, nouvellement établis à Aden et obéissant à de mesquines rivalités, heureusement oubliées aujourd'hui, imposaient aux petits chefs de la côte la défense d'avoir aucune relation avec des Français, et l'obligation de repousser tous les voyageurs de cette nation qui tenteraient d'aborder chez eux (1).

M. Degoutin, je l'ai dit, triompha de toutes ces difficultés, créa une influence française, modeste encore, il est vrai, dans le rayon de son agence, et réussit par des services rendus à propos à établir des relations régulières avec les gouvernements de l'Abyssinie orientale, les seuls qui fussent en rapport avec la côte. Ils s'habituèrent à regarder la France comme une puissance chrétienne et amie, et à s'adresser à ses agents pour le règlement à l'amiable de leurs griefs contre les autorités turques de Massaoua. Oubié témoigna même au successeur de M. Degoutin (M. Rolland) une déférence particulière ; il l'invita à le venir voir, et le reçut avec honneur à son camp de Haouzène (septembre 1849) ; sur sa médiation, il renonça à s'emparer de vive force du littoral de Massaoua et invoqua son arbitrage pour faire régler cette question à Constantinople. Oubié avait compris de bonne heure que l'Abyssinie avait besoin d'un port sur la mer Rouge, et que les anciens négus avaient commis une lourde faute en ne protestant point

____

(1) Je possède au sujet de ces conventions des pièces officielles.

par l'épée contre l'occupation, par la Sublime-Porte, de Massaoua, Dahlak et Arkiko. Malgré la bienveillante intervention de **M.** Rolland, le kaïmakan de Massaoua, profitant du peu d'attention que le gouvernement français portait alors aux affaires de la mer Rouge, accablait d'avanies journalières le consul, ses nationaux et à plus forte raison les chrétiens abyssins. En janvier 1850, une fille de la maison d'Oubié fut enlevée par les Djibberti (marchands d'esclaves musulmans) et vendue à Massaoua. Sur une simple menace d'Oubié, une panique effroyable poussa dans l'île toute la population de la banlieue et quinze mille âmes, entassées pendant quelques jours sur ce rocher, faillirent y périr de faim et de soif. Oubié se borna à un message fort hautain au kaïmakan qui garda mémoire de la leçon. Ce message contenait entre autres choses cette phrase curieuse : « le sac d'insultes au consul que tu remplis depuis longtemps déborde, et il va obtenir justice. »

Vers la même date, ainsi que je l'ai dit précédemment, l'Angleterre accréditait pour la première fois un agent en Abyssinie. Cet agent, M. Plowden, ne fut jamais officiellement reconnu, pas plus par Théodore que par Ras Ali, qui lui avait dit en propres termes : « je veux être seul

maître dans mes états. Je vous donnerai des cadeaux, des terres, mais comme à mon sujet. »
M. Plowden ne suivit pas à l'égard de la France les mauvaises traditions de défiances mesquines qui dominaient à Aden, et la bonne entente des deux consulats se manifesta par des actes qui, en affermissant l'influence Anglo-Française dans ces contrées, tournèrent au bénéfice de la civilisation et de l'humanité. Jusque-là les Naïbs, aidés des gouverneurs de Massaoua, avaient saisi toutes les occasions de harceler les provinces chrétiennes et d'y faire des razzias de femmes et d'enfants. C'est ainsi qu'on avait vu, en 1847, le Naïb entrer avec deux mille hommes dans le Hamazène, brûler quatre églises et tout mettre à feu et à sang. M. Degoutin, isolé, mal soutenu, avait dû se borner à racheter au bazar les vases sacrés profanés, et adresser une plainte inutile au gouverneur, qui partageait avec le Naïb le produit de ce guet-apens. Les choses se passèrent autrement en novembre 1854, quand le Naïb Mohammed, reparut dans le Hamazène, incendia une église et ravagea toute la frontière. Les deux consuls adressèrent au gouverneur une protestation menaçante (1) et se portèrent

(1) Voir aux pièces justificatives.

vers le pays envahi. Ils rencontrèrent le Naïb, l'obligèrent à rétrograder et à remetttre en liberté les Abyssiniennes qu'il avait prises. Cette leçon a porté fruit, et depuis cette frontière a été toujours respectée.

Je ne reviendrai pas sur les circonstances regrettables, qui, de 1857 à 1861, amenèrent dans les affaires d'Abyssinie un conflit d'influence très-passager entre les deux puissances dont le concours semble nécessaire au salut de l'Abyssinie. C'est précisément au moment où cette entente désirable venait de se rétablir, que Théodore II s'est avisé de répondre par des violences inexplicables aux avances des deux grands États européens. Je n'éprouve en aucune façon le désir de le justifier : mais si la lumière se faisait sur les causes mystérieuses de cette double violence, la culpabilité du négus pourrait s'en trouver singulièrement amoindrie. Puis, quelle que soit d'ailleurs cette culpabilité, un grand intérêt politique et moral doit dominer ici les questions de personnes : car, étant donné le gouvernement si personnel de Théodore II, on ne pourra pas s'étonner s'il vient à disparaître au milieu des orages qu'il semble prendre plaisir

à susciter. Sa mort serait le signal d'une sanglante anarchie, dont l'Empire pourrait bien ne
sortir que pour passer, épuisé et dépeuplé,
sous la domination abhorrée des musulmans.
L'Égypte, réduite jusqu'ici à ses arides lisières
du Nil moyen, convoite les riches provinces que
gouverne le négus : oublieuse de ses anciennes
défaites, ou plutôt confiante dans ses ressources actuelles et dans une armée accrue dans
des proportions anormales, elle brûle de reprendre avec des chances nouvelles ses tentatives d'il y a vingt ans. Je puis dire que j'ai
assisté, jour par jour, aux lents préparatifs de
ce vaste coup de main quand j'ai vu Moçau-
Pacha, à Khartoum, faire les préparatifs d'une
campagne extraordinaire, affamer la Nubie
entière pour entasser dans les magasins de
l'État les provisions obtenues par des réquisitions écrasantes, doubler et tripler le tribut
des nomades, ouvrir sur une ligne immense,
sous les yeux des consuls impuissants à faire
respecter les lois, la traite des nègres, destinée
à fournir à l'Égypte une armée plus que double
du maximun autorisé par les traités : diriger
enfin sur la frontière d'Abyssinie des razzias
impitoyables faites en vue de tâter le terrain et
de fournir un chiffre de femmes et d'enfants

aussi satisfaisant pour le harem des pachas que pour la *Khaznè* du vice-roi.

La mort récente du satrape oppresseur du Soudan a arrêté tous ces préparatifs et éloigné la perspective du danger qui menace de ce côté la chrétienne Abyssinie : mais j'ai des raisons de penser que le projet n'est pas abandonné, et que l'Égypte, infatuée à tort de sa force militaire, n'est guère retenue que par la crainte de voir la France et l'Angleterre intervenir entre elle et sa proie. Ce n'est pas que je sois fort inquiet du résultat final d'une pareille lutte : je pense, avec un journal anglais fort instruit en ces matières peu familières au public (1), que les *Turcs* n'entreraient en Abyssinie que pour y recevoir une sanglante leçon, et que le pays, occupé et désarmé dans le premier désarroi d'une aggression si subite, se soulèverait d'un bout à l'autre par une explosion religieuse et patriotique, pour dévorer ses tristes vainqueurs. Mais il n'en résulterait pas moins que les Égyptiens s'établiraient fortement sur divers points de la frontière qu'ils ne font que menacer aujourd'hui, et que de ces repaires (je ne puis les qualifier autrement),

(1) *The Examiner.*

partiraient des expéditions périodiques pour surprendre et saccager des villages désarmés, et approvisionner de bétail humain les *doubles* harems de l'aristocratie musulmane.

Ce ne sont pas ici seulement des hypothèses : je dirai ce qui s'est passé sous mes yeux. Un officier égyptien établi à Doka, près Gallabat, Ali-Ka chef, qui passe sa vie à diriger, en pleine paix, ces expéditions de brigandage contre la frontière abyssine, envahit, vers le mois de février 1864, la province de Donkor, et y enleva des troupeaux de femmes et d'enfants chrétiens qui furent, au mépris de toutes les lois, mis publiquement en vente au bazar de Guedaref et sur divers marchés du Soudan. Parmi les acheteurs se trouva un Français sur lequel s'est égaré un titre (nominal il est vrai) d'agent consulaire. J'ai réclamé fort inutilement contre ces indignités : elles continuent sans doute encore à cette heure.

On fera les plus belles théories du monde sur la non-intervention : mais il me semble impossible que la suppression brutale d'un état chrétien soit accomplie ou seulement tentée sans que la France doive s'en émouvoir. Nous devons à ce peuple notre appui moral, tout autant, pour le moins, qu'aux Tunisiens ou

aux Malgaches. La chute de l'Abyssinie serait
la ruine complète de notre influence dans l'Est-
Afrique, et il faut être bien étranger aux
choses de l'Orient pour ignorer à quel point le
crédit de l'Europe y est, dans l'opinion de
tous, solidaire de tout ce qui peut affecter
l'honneur du nom chrétien. Aux yeux de certaines personnes, toute la question se réduit à
ceci : « Nous devons souhaiter la conquête de
l'Abyssinie, parce que nos voyageurs et nos
marchands, circulent plus librement et sont
mieux protégés dans le Soudan égyptien que
dans l'Abyssinie libre. » Je conteste cette ap-
préciation, et je ne serai pas démenti par tous
ceux qui ont parcouru le Soudan depuis trois
ans : mais fût-elle exacte, il resterait à prouver
que l'intérêt de cinq ou six aventuriers, marchands d'eau-de-vie ou de fusils de troque, doit
passer avant celui d'un grand peuple, destiné
tôt ou tard à s'imprégner de notre civilisation
et à la faire rayonner autour de lui.

A la suite de son dernier conflit avec Théodore II, le gouvernement anglais semble avoir
adopté à l'égard de l'Abyssinie ce que l'on
pourrait appeler la politique de l'indifférence.
Le sentiment qui paraît prédominer au Foreign-
Office, comme dans la majorité de l'opinion,

peut se traduire ainsi : « l'Abyssinie a méconnu nos sympathies : à nos yeux désormais elle ne doit plus exister. » Ce serait assez sagement raisonné s'il suffisait, pour supprimer une question, de fermer les yeux quand elle se présente. M. Layard se croyait fort logique en blâmant le consul Cameron d'avoir outre-passé ses instructions qui lui enjoignaient d'aller porter au négus les assurances sympathiques de son gouvernement et de se retirer au plus vite. Pour les Orientaux, et principalement pour leurs souverains, un agent politique n'est jamais un être abstrait, enfermé dans un programme de convention. Dans ces pays de gouvernements personnels, l'agent européen doit être une personne agissante, et non un rouage diplomatique, et pour le succès même de sa mission, il doit être, dans la mesure que lui permet la prudence, la parole vivante de son gouvernement : une circonspection exagérée multiplie autour de lui l'hésitation, la défiance, enfin toutes les chances d'insuccès.

M. Cameron, en promettant aux Abyssins son appui pour le redressement de leurs griefs contre les Turcs, en ouvrant avec Théodore des négociations pour la suppression de l'esclavage et pour l'établissement de juridictions mixtes, en projetant la création d'écoles agricoles et professionnelles en Abyssinie sous l'impulsion de l'Angleterre, rendait à son pays des services plus réels que des hommes d'État circonspects qui l'ont désavoué. On peut m'objecter que les derniers événements ont donné raison à M. Layard contre son agent. Mais il n'y a pas d'événements qui puissent prévaloir contre des idées élevées quand elles sont en même temps pratiques, et l'avenir ne peut que justi-fier, sous ce double rapport, celles de M. Cameron.

Le lecteur pourra s'étonner de ne pas trouver ici des développements spéciaux et étendus sur nos intérêts commerciaux en Abyssinie et dans la mer Rouge. Je m'en suis abstenu pour deux raisons : la première, c'est qu'on pourra trouver tous les renseignements désirables, pour le passé, dans d'excellentes monographies publiées depuis vingt ans (1), et, pour le présent, dans des mémoires détaillés que j'ai rédigés il y a deux ans, et que je renvoie comme annexes à la fin de ce volume. La seconde, c'est que pour qui

(1) Lefèvre, *Voyage en Abyssinie* (relation historique), t. II. — Ferret et Galinier, *Voyages*, etc. — Mansfield Parkins, *Life in Abyssinia* (annexe). — Annales du commerce extérieur, *Abyssinie*, n°s 1 à 5.

étudie le Levant, il est impossible de séparer les questions commerciales des questions politiques. Nos commerçants n'y trouvent la sécurité et le crédit nécessaires à leurs opérations que dans la mesure de l'influence politique obtenue par notre drapeau. J'ai dit plus haut quelle est la marche qui me semble la plus propre à consolider cette influence.

Parmi les intérêts de premier ordre que la France a à sauvegarder dans ces régions, les missions catholiques doivent tenir une large place. Je sais que beaucoup d'esprits sincères, mais peu au courant des choses de l'Orient sont hostiles à ce protectorat qu'ils regardent comme un héritage routinier de la diplomatie de Louis XIV, et voient un danger permanent dans l'immixtion indiscrète des missionnaires au milieu des complications politiques des pays où ils s'établissent. J'ai assez vivement blâmé, dans ce livre, le rôle politique si fâcheusement assumé par M. de Jacobis, pour avoir le droit de déclarer que ces écarts ne sont que des faits isolés, tandis que les services rendus par les missions du Levant sont de tout temps et de tout pays. La France, patronne de ces missions en vertu d'une tradition qui remonte à deux siècles, et que l'Autriche essayait de prescrire subrepticement il y a une trentaine d'années, la France, dis-je, trouve dans les missionnaires des propagateurs reconnaissants et actifs de ses intérêts politiques et même commerciaux. Toujours respectés et souvent aimés des indigènes, ils peuvent rendre mille services à nos voyageurs et à nos commerçants, et j'ai pu juger moi-même avec quelle circonspection il faut accueillir les récriminations de ces derniers. Pour n'en citer qu'un exemple, un pamphlétaire vénitien (1) a accusé la mission de Khartoum d'avoir nui au commerce européen au Soudan. Enquête faite, il s'est trouvé que c'était vrai : seulement l'accusateur oublie de dire que cet estimable commerce était la traite des nègres. Par suite des complications d'Abyssinie, le gouvernement Français, sans perdre de vue les missionnaires isolés résidant dans l'intérieur, a limité sa protection effective à deux missions voisines de Massaoua : celle de Zénadéglé, et celle des Bogos qui demande quelques explications particulières.

L'Abyssinie proprement dite est séparée du domaine immédiat de l'Égypte par une ceinture de tribus autonomes, toutes sorties d'Abys-

____

(1) G. Miani, *Scoperto*, etc., 1862.

sinie : les Habab, les Bogos, les Mensa, les
Maria, connues des Musulmans sous le nom
collectif de *Kostan* qui paraît une corruption
de *Khristian* (chrétien). Ces tribus, en effet,
étaient toutes chrétiennes au commencement
du siècle, et reconnaissaient nominalement
l'autorité des négus : mais l'affaiblissement de
l'empire abyssin avait relâché le lien de cette
dépendance, et les *Kostan*, abandonnés à eux-
mêmes, n'avaient conservé que de très-faibles
vestiges de la foi et de la demi-civilisation de
leurs pères. Leurs mœurs étaient primitives
sans être sauvages, et leur état social avait
pour base la solidarité de la famille étendue
dans les questions collectives à celles de la
tribu. Les nomades fanatiques qui les entou-
raient profitèrent de leur isolement pour les
harceler et les amener par la persuasion ou
par la force à embrasser l'islamisme. Ces manœuvres prirent un caractère systématique
sous l'influence des Naïbs dont le fanatisme se
compliquait ici de machiavélisme politique : les
tribus passées à l'islamisme ne pouvaient plus
se refuser à leur payer tribut, ni compter sur
l'aide de leurs ex-coreligionnaires d'Abyssinie.
Les Habab, vaste tribu qui s'étend le long de
la mer Rouge, furent ainsi absorbés les pre-

miers. Les Bogos étaient menacés du même sort : dès 1850, le préfet égyptien de Kassala les avait envahis, sans compter beaucoup d'agressions de détail qui finissaient toutes ainsi : on offrait de rendre aux chrétiens leurs femmes et leurs enfants enlevés à la seule condition de se faire Musulmans. De guerre lasse, ils allaient céder, quand, en 1854, s'établit parmi eux un jeune missionnaire piémontais, le P. Stella, expulsé d'Abyssinie en même temps que M. de Jacobis, son supérieur. M. Stella débuta dans cette mission avec un tact pratique digne d'être proposé comme exemple. Au lieu d'un enseignement dogmatique que ces esprits à demi-barbares n'auraient pas compris, il entreprit leur rénovation morale; il me disait à ce sujet : « Faisons-en des hommes d'abord, et des chrétiens plus tard. » La suppression de *vendette* sanglantes entre les Bogos et les tribus voisines lui donna, à quarante lieues à la ronde, une sorte de dictature morale qu'il fit tourner au profit de la civilisation et de l'influence européenne.

Un service éminent consolida mieux encore cette dictature. Cette même année 1854, des troupes égyptiennes, accompagnées de tous les aventuriers de la frontière, se ruèrent, en pleine paix, sur les Bogos. On leur enleva trois cent quatre-vingts femmes et enfants, qu'on leur proposa, comme de coutume, de leur rendre, s'ils voulaient apostasier : ils refusèrent après quelque hésitation, et M. Stella réussit à intéresser à leur sort feu M. Plowden, consul britannique à Gondar, et M. Sabatier, consul général de France en Égypte. Grâce à l'énergie du gouvernement français, satisfaction fut accordée aux Bogos, les captifs rendus, l'officier, auteur de la razzia, fut révoqué, et le gouvernement égyptien consentit à payer une indemnité de 17,000 fr., à la répartition de laquelle j'ai présidé à Keren, en décembre 1863. Il restait à recouvrer cinq captifs que les Égyptiens retenaient à Kassala, et 480 talaris d'indemnité pour une razzia commise en 1862, et que les autorités égyptiennes s'étaient engagées à payer aux Bogos. Je me rendis à Kassala, en janvier 1864, pour ces deux objets. Le *mudir* de cette ville me rendit deux des esclaves et retint les trois autres : quant à l'argent, il eut recours à des moyens dilatoires, tout en me remettant une déclaration officielle qui reconnaissait le protectorat du gouvernement français (devlet Franza) sur les Bogos.

Mais ces violences de détail n'étaient rien

auprès de l'orage qui allait fondre sur les Bogos, désarmés et confiants. A l'automne dernier, les gens de Keren étaient descendus dans la plaine de Bengou, à deux heures du village, sur la route de Barka, où étaient leurs semailles déjà mûres. Le 5 octobre 1864, comme les guerriers et les gardiens des *moktas* s'étaient rendus à Keren pour une cérémonie funèbre, les gens restés à Bengou virent s'élever, du côté de Barka, un épais nuage de poussière, et avant qu'ils eussent eu le temps de fuir ou de se mettre en défense, une masse furieuse et hurlante de douze cents Beni-Amer et Barka se rua sur eux par deux passes à la fois, tua tout ce qui résistait, enleva quatre-vingts femmes et enfants et dix-huit cents têtes de bétail. Les quelques braves qui étaient descendus de Keren et accouraient défendre leurs familles ne réussirent qu'à se faire tuer un à un. Les assaillants se retirèrent tranquillement sur deux colonnes comme ils étaient venus : l'une de ces colonnes, en passant devant un fourré où M. Stella avait pris position avec trois domestiques bien armés, essuya une décharge de cette vaillante troupe, et saisie d'une panique étrange; se débanda et abandonna quatre-vingts captifs qu'elle amenait.

Cinq autres de ces malheureux se sauvèrent la nuit suivante. Le reste fut emmené par les bandits et semé dans tous les campements du Barka.

M. Stella ne perdit pas de temps. Accompagné de M. Werner Munzinger, gérant du vice-consulat de France à Massaoua, il se rendit à Kassala, et réclama justice. Mais les circonstances étaient changées depuis dix ans : l'administration égyptienne au Soudan, animée d'une haine froide et sournoise contre les Européens et contre les Français en particulier, sûre d'être avouée et soutenue par le vice-roi, chercha des moyens dilatoires, et finit par proposer aux réclamants « de leur rendre les captifs qui n'avaient pas été vendus », c'est-à-dire dix ou douze individus peut-être. MM. Munzinger et Stella durent s'en retourner les mains vides. En traversant le Barka, ils rencontrèrent un homme qui venait vendre à Kassala trois des victimes du 5 octobre, et les lui enlevèrent de force ; quelques autres furent rendues peu après par l'influence du consulat général d'Alexandrie : mais ce n'était qu'une réparation dérisoire, et le pire, c'est qu'aucune garantie n'était offerte contre le retour de semblables violences. Les autorités égyptiennes du Soudan, équivoquant

sur la portée de la déclaration par laquelle
Saïd-Pacha avait reconnu les immunités des
Bogos, ont prétendu en dernier lieu que la protection française ne couvre que le village de
Keren, chef-lieu de la mission catholique, et
nullement la tribu entière. Cette prétention, contraire à tous les précédents, devient
fort grave, aujourd'hui que le gouvernement
égyptien, concessionnaire depuis quelques mois
de la côte de Massaoua, cerne de trois côtés le
pays de Kostan. Si l'Égypte s'établit aux Bogos,
la mission de Keren est perdue. Les gens de
Keren, entourés d'ennemis, ébranlés dans leur
confiance en nous par l'exemple de leurs voisins que nous avons protégés en 1854, et que
nous ne pouvons plus défendre, trouveront plus
simple d'apostasier, d'expulser M. Stella, et
l'influence française recevra dans l'Est-Afrique
un coup dont il est difficile de calculer la
portée.

C'est une question grave et surtout très-dé-
licate que de décider s'il importe aux intérêts
politiques et commerciaux de la France d'occuper un point fixe dans la mer Rouge. La convenance d'une occupation de ce genre semble
avoir frappé vivement la France et l'Angleterre
vers 1840, à l'époque des premières relations

suivies avec l'Abyssinie. Dans un but de spéculation privée, une compagnie française acheta le
petit port d'*Edd*, florissant au commencement
de ce siècle par son commerce avec l'Abyssinie
orientale, et saccagé à cause de cela même par les
Naïbs d'Arkiko, empressés de détruire violemm-
ment une ville rivale de Massaoua. Le mouillage
d'Edd est assez bon, et l'on espérait rétablir,
sous la protection énergique de la France, tout
ce que l'égoïsme sauvage des Naïbs avait ruiné.
L'acquisition fut faite au prix de 2,000 thalaris,
dont 1,500 versés comptant à Mohammed-Has-
san, prince du pays, et du cadi Babéri-Ali.
Malheureusement un frère de Mohammed,
Cheikh-Edou, alors absent, n'avait pris aucune
part à la transaction ; il rentra peu après le départ du brick français l'*Ankober*, qui l'avait
conclu ; il excita une émeute de fanatiques contre Mohammed, qui, accusé d'avoir vendu un
pays aux Chrétiens, fut mis en pièces. Edou
annula la transaction, mais garda l'argent. Les
acheteurs, impuissants à entrer en possession,
voulurent, en 1844, céder leurs droits au gouvernement français, mais leurs prétentions exa-
gérées firent avorter la négociation, et la compagnie en liquidant a transmis son droit à une
maison française d'Alexandrie, qui a fait, à la fin

de 1863, quelques démarches près de Théodore II, suzerain du littoral, pour se faire mettre en possession. L'Angleterre, pendant ce temps, ne restait pas inactive : elle avait près d'Oubié un agent officieux, bien connu de tous ceux qui ont lu des voyages en Abyssinie, M. Coffin, qui persuada à Oubié d'offrir à la reine la rade d'Amphila, déjà remarquée par lord Valentia, vers 1801. Le Foreign-Office montra en cette occasion une loyauté qui lui fait honneur ; il eut des doutes (assez mal fondés d'ailleurs) touchant le droit de suzeraineté d'Oubié sur le littoral, et refusa l'offre. Cependant, je ne sais pourquoi, il revint sur sa détermination, car le 18 novembre de la même année, une frégate vint mouiller à Amphila, et le commandant proposa à la princesse Aliah-Edou, un projet de cession de la baie et des îles. La princesse, (qui par parenthèse, s'est toujours fait remarquer par une vive sympathie pour la France) déchira cet acte et le projet n'eut pas d'autres suites. M. Lefèvre, arrivant trois mois après dans les mêmes parages, crut la circonstance favorable pour amener la princesse à reconnaître la suzeraineté de la France ; mais M. Degoutin, personnellement hostile à ce projet, le combattit vivement dans ses rapports, et contribua sans doute à le faire échouer. Près de vingt ans s'écoulèrent ensuite sans que ni la France ni l'Angleterre parussent s'occuper de s'établir dans la mer Rouge. On put s'inquiéter, vers 1841, de l'occupation momentanée de Tadjoura par les Anglais, qui payèrent 1,500 thalaris le droit de s'y établir quelques mois seulement. Le Foreign-Office avait déclaré que Tadjoura n'était pour lui qu'un gage de la sécurité du major Harris, envoyé extraordinaire près du roi de Choa : il prouva sa bonne foi en l'évacuant, lorsque le major reparut à Aden. Dans l'intérêt de l'humanité, on peut légitimement regretter que le gouvernement de la reine n'ait pas conservé Tadjoura : cette courte occupation avait suffi pour supprimer complétement la traite des esclaves dans toute cette zône ; malheureusement le bienfait était incomplet, car les négriers refluaient de Tadjoura sur Massaoua, où l'agent français était à peu près impuissant à les atteindre.

Dans une dépêche de M. Rolland du 7 novembre 1849, je trouve cette phrase très-remarquable et très-prophétique : « tôt ou tard, on doit l'espérer, il se construira un canal à Suez, et alors, sans contredit, la mer Rouge sera un des points du monde les plus importants. Dans cette prévision, vous voudrez à coup sûr, **M.** le Ministre, y assurer à notre pays un établissement commercial et politique convenablement situé. Ne faut-il pas un port de relâche pour nos bâtiments, un endroit pour le charbon de nos bateaux à vapeur, un comptoir fixe d'où notre commerce, et à sa suite la civilisation, puissent se répandre dans ce vaste continent abyssin. »

Ce fut à une préoccupation de ce genre que répondit en 1859 M. de Jacobis, lorsqu'il obtint de Négousié, reconnu roi de Tigré par la France, la cession à cette puissance de Desset et de la rade d'Adulis. La mission Russel eut pour principal objet de régulariser cette cession et d'inventorier en quelque sorte les points cédés, par des reconnaissances hydrographiques et des enquêtes de tout genre. Tant qu'on put croire au succès de Négousié, la Turquie se garda bien de réclamer ouvertement contre les nouvelles acquisitions françaises, mais l'opinion en Angleterre s'en alarma outre mesure, et le gouvernement anglais poussa la Sublime-Porte à élever à ce sujet des chicanes légales, que nous croyons devoir exposer en détail, parce qu'elles intéressent à la fois le passé et l'avenir de la question.

En nous cédant Desset et Adulis, Négousié,

14.

qui se portait comme héritier des empereurs légitimes d'Abyssinie, s'était fondé sur le droit
incontesté de suzeraineté que cette couronne
possédait sur tout le littoral africain de la mer
Rouge , depuis Zeila jusqu'au 19° environ.
Comme cette suzeraineté était toute nominale,
et que depuis des siècles les négus n'avaient
jamais réclamé le tribut aux populations sauvages qui errent dans ces solitudes, celles-ci
n'avaient jamais non plus songé à récuser une
dépendance qui ne les engageait qu'à un acte
de soumission honorifique. Le cabinet britannique, qui n'avait reconnu que Théodore II et qui
traitait Negousié d'usurpateur, était dans son
droit en niant le pouvoir de Negousié de céder
un district abyssin : il fût resté dans ce droit en
faisant contester par Théodore la validité de la
concession. Il cessait d'y être lorsqu'il engageait la Porte à établir diplomatiquement un
droit de propriété sur le district en litige. La
Porte, en effet, n'a qu'une possession de fait que
l'Abyssinie n'a jamais reconnue, et qui se limite
aux points où flotte le baïrak ottoman. Le Naïb
d'Arkiko, sorte de prince amphibie, vassal de
la Porte pour la banlieue de Massaoua, fait hommage au négus pour le reste de ses fiefs, dont
l'étendue est d'ailleurs très-mal définie. Le pou-

voir du Naïb est vaguement reconnu par les nomades Hazorta, propriétaires de temps immémorial des territoires cédés à la France. Deux fois, dans le courant de l'année 1860, l'agent politique d'Aden, le brigadier Coghlan, avait envoyé des agents secrets pour inviter les Hazorta à se placer sous la protection britannique, et à attester que lord Valentia avait acheté Desset plus de cinquante ans auparavant. Ces démarches n'ayant pas réussi, le kaïmakan de Massaoua, Pertew-Effendi, homme rusé et passionné pour l'extension de la puissance ottomane, attira à Massaoua le chef des Hazorta, et le somma de payer tribut à la Porte.

Le chef, pris au dépourvu, demanda à conférer avec les anciens de la tribu, et n'eut rien de plus pressé que d'aller au consulat de France demander un conseil et un appui, déclarant d'ailleurs qu'il n'avait jamais été sujet de la Turquie : il demandait, dans le cas où le kaïmakan enverrait des soldats, ce qu'il devait faire. Le consul lui répondit : « Gagnez du temps, et comptez au besoin sur la protection de la France. »

Il ne m'appartient point d'exposer ou d'apprécier des motifs qui ont empêché la France de donner suite à l'acquisition d'Adulis et de

Desset ; il me suffit d'avoir, par cet exposé des faits, établi que notre droit subsiste toujours intégralement, et ce droit, si théorique qu'il soit, n'est pas à négliger en face des éventualités futures. Un fait tout récent vient à l'appui de ce que je dis. En février 1865, les Chohos des environs de Zoulla (Adulis), fermiers des Abyssins de l'Agamé, molestés par les gens de Zoulla et se croyant injustement lésés, en appelèrent à leurs suzerains qui, sans nulle explication, descendirent sur Zoulla, tuèrent deux cents hommes, enlevèrent femmes, enfants, bétail, et remontèrent sur leur *dega*. Le naïb de Zoulla, Mohammed Areï, alla demander protection au gouverneur de Massaoua : celui-ci se borna à lui faire cette question ; « Zoulla paye-t-il tribut à la Porte ? — Non, dit Areï, mais un présent de bonne alliance. — Eh bien, va réclamer du secours chez ceux que tu reconnais pour tes maîtres. » Areï dut se contenter de cette réponse, et partit pour Zoulla, afin de donner la sépulture à ses sujets égorgés.

L'anecdote, dont je garantis l'exactitude, est bonne à recueillir. Elle peut servir de précédent utile, le jour où il plairait à la France, dans un intérêt d'ordre, de civilisation et d'humanité, de faire valoir ses droits légitimes sur Zoulla-

Adulis, en passant outre aux réclamations bruyantes et mal fondées de la Porte.

Quant à la conclusion, nous la laissons à l'intelligence du lecteur qui aura suivi nos récits avec quelque attention. Il est évident que les affaires de la mer Rouge ne peuvent rester dans l'état anormal où nous les voyons aujourd'hui. La politique inexplicable de Théodore II marque une transition fantasque et violente qui ne peut durer, et la patience inattendue du peuple abyssin a des limites. Le négus changera de système ou périra : c'est malheureusement le second cas qui est le plus probable. Par nécessité, peut-être par sympathie, son successeur se rapprochera de l'Europe, et la nation qui réussira à initier, avec prudence et sagesse, ce magnifique empire à une civilisation européenne, se sera assuré dans l'Afrique orientale une influence prépondérante d'autant mieux acceptée de tous que l'humanité en aura profité.

L'Afrique, aujourd'hui, appartient moralement à deux grandes puissances, la France et l'Angleterre. Je ne parle pas des états musulmans, qui s'en vont, ni du Portugal, qui oublie dans les colonies africaines tous les devoirs d'État civilisé, et qui en est justement puni par une stérilité irrémédiable. Du cap de Bonne-

Espérance jusqu'à l'équateur, l'Angleterre voit croître et fleurir, outre ses belles colonies, une influence religieuse et commerciale dont nous ne pouvons que désirer l'extension illimitée. Mais, par la même raison, elle ne doit point prendre ombrage de ce que nous tentons dans une voie analogue au nord de l'équateur. L'Algérie, le Sénégal, les points isolés d'Obok, du Gabon, de la côte de Guinée, sont autant de *pinces* par lesquelles nous avons saisi l'Afrique du nord, non pour faire des conquêtes matérielles, comme le prétendent des écrivains allemands, plus anglomanes que les Anglais (1) ; mais pour y asseoir une influence morale non moins profitable aux intérêts généraux de l'Europe qu'à notre intérêt particulier. C'est à nous qu'est dévolue la grande tâche d'initier l'Afrique à la vraie civilisation : mais, pour cette tâche, nous avons besoin d'auxiliaires indigènes, c'est-à-dire de populations appelées par leurs aptitudes et leurs instincts supérieurs, à servir d'intermédiaire entre nous et le monde barbare. Ces auxiliaires, nous ne pouvons les trouver dans les peuples musulmans, qui nous haïssent et nous haïront tant que durera l'islamisme. Nous ne

---

(1) Ravenstein, *Missionary, labours,* etc. Introduction.

pouvons davantage les chercher dans les populations noires auxquelles nous devons une protection sympathique, mais sans nous faire illusion sur leur aptitude à s'élever bien haut dans l'échelle sociale. Au milieu de toutes ces races, les unes haineuses, les autres futiles, nous avons un allié tout trouvé dans un peuple digne de se rapprocher de nous, et qui ne demande pas mieux, pourvu que nous nous occupions de lui avec un esprit de suite et de vraie sympathie, et non plus par des tentatives décousues, où il ne peut voir qu'une sorte de curiosité fantasque dont il se sent offensé. Rallié à nous, il nous ouvrira la voie vers un monde encore à peu près inconnu, non moins intéressant, appelé à devenir, pour notre activité commerciale, un champ d'une fécondité sans bornes. Cette dernière considération s'adresse aux politiques positifs qui voient une duperie dans tout effort généreux et désintéressé : mais je n'ai pas besoin de l'invoquer devant les esprits plus élevés, que préoccupent les misères présentes de l'humanité et qui cherchent, avec une sincérité anxieuse, les remèdes à y apporter dans l'avenir.. C'est surtout à eux que j'ai songé en écrivant ce livre.

PIÈCES JUSTIFICATIVES

Lettre de BALGADA-ARAEA *à M.* DEGOUTIN, *agent consulaire de France.*

Monsieur, j'ai l'honneur de vous informer que j'ai pris possession du royaume du Tigré en succession du ras Walda-Selassé. Comme lui, j'aime et je cherche les bonnes relations avec les puissances étrangères, et c'est pour vous engager, Monsieur, à vous adresser à moi en toutes affaires que le royaume de France ou les nationaux pourraient avoir dans ce pays, que je vous annonce mon arrivée à la tête du gouvernement du Tigré.

La guerre pour cette année peut être regardée comme terminée. Le Tacazzé, augmenté par les pluies, sépare le royaume d'Amhara du mien et empêche les communications. Les troupes du prince Oubié se trouvent dans la province de Volkait où elles se sont concentrées pour combattre le prince de ce pays, nommé Dsedalo-Haïlo.

. . . .

Signé ARAEA.

Adoua, 14 hamlé.   (L. S.)
      20 juillet 1842.

*Lettre d'*OUBIÉ, *roi du* TIGRÉ, *à M.* ROLLAND,
consul de France à MASSAOUA.

Nous désirons que vous connaissiez que, dans les événements de *Mocollo*, arrivés en février dernier, nous n'avons pris volontairement aucune part, et que nous regretterions vivement d'avoir donné lieu à votre gouvernement de douter de notre amitié.

Ainsi que nous vous l'avions fait savoir, nous sommes toujours dévoués à la *France* et disposés à le lui prouver; d'elle seule nous espérons des secours pour nous défendre contre les nouveaux ennemis qui nous menacent.

Veuillez, monsieur le Consul, donner à votre gouvernement connaissance de nos sentiments, afin que nous ayons la grande satisfaction d'être compté toujours au nombre de ses amis les plus sincères.

Fait à Aouzième, le 1ᵉʳ octobre 1849.

Fragments de lettres de M. PLOWDEN, *consul anglais en* ABYSSINIE, *à M.* BARRONI.

10 décembre 1857.

Pour quitter l'Abyssinie, il sera temps quand je serai persuadé, autant que vous me paraissez l'être, que le roi fera faillite. S'il *manque*, j'en serai le plus fâché, parce qu'au moins, s'il réussit, son gouvernement sera solide et peut-être héréditaire; ce que ne sera jamais celui de Négousié ni d'autres Abyssiniens. Le roi sait parfaitement son danger et la difficulté de ce qu'il entreprend, mais il est inébranlable, et a dit comme Napoléon, *viva voce!* « Gouvernement absolu ou six pieds de terre. »

Vous n'êtes pas ici et vous ne pouvez pas juger de ses affaires avec les Gallas, non plus que M. Belliard peut juger de la force qu'il possède.

S'il manque, il manque et moi aussi et voilà tout. Je ne demande pour moi que la santé, et je ne suis pas responsable pour la Providence et les suites de la guerre. Mais vous ne pouvez pas me conseiller d'abandonner la politique que j'ai entreprise, par lâcheté ou paresse. Le roi me permet de quitter le pays quand je veux et quand ma santé le demandera. J'attendrai encore quelques mois si ma faiblesse nerveuse le permet, et j'attends de votre amitié encore le sacrifice d'un peu de patience.

Tout le monde court à Agau-Négousié à présent, parce qu'il est rebelle et par conséquent permet une grande licence à ses soldats et chefs. Le roi, au contraire, qui regarde calmement et fixement l'avenir de sa dynastie, exige une discipline sévère. Mais si Agau-Négousié gagne la victoire, tous ceux à présent dévoués en apparence à lui, seront en rébellion immédiatement, et l'Abyssinie sera l'Abyssinie de Ras-Ali, d'Oubié et de Berro Gosho pour l'éternité.

Le roi m'a donné ses raisons pour ne pas se rendre immédiatement dans le Tigré, et je les trouve bonnes. *Dont believe that he is without resources. He has the finest army.....*

Lettre du 29 mai.

Si Négousié devient trop fort pour le roi et que nous tombions avec lui, c'est dans la volonté de la Providence, et si elle est écrite elle sera faite : voilà tout ! Que Dieu fasse alors qu'il gouverne bien le pays, pour cela je ne m'en inquiète pas non plus. Je ne suis pas la destinée et le résultat d'une bataille sera connu d'ici à quelques heures à celui qui y survivra. Le roi n'est pas à l'instant dans une position assez réglée pour lui permettre de punir comme il le veut ses fonctionnaires déshonnêtes. L'empire Turc, établi depuis quatre cents années, ne peut pas le faire.

Vous ne savez pas encore le caractère du roi : il se battra avec acharnement contre les Égyptiens, et peut-être avec autant de succès que Schamyl contre les Russes, et il aura honte d'inviter nos secours. C'est un homme malheureusement sans peur, et pour moi j'attends toujours ma destinée.

Dénombrement de l'armée de Négousié

CHEVAUX	FUSILS	CHEFS MILITAIRES RÉGULIERS
150	200	Degiac Govenchiel.
150	200	Degiac Volde Tekly.
150	300	Degiac Vohdivar.
150	200	Degiac Avamati Sahlo.
150	200	Degiac Voldiot.
150	200	Degiac Uolala.
150	200	Degiac Ghevalatafsi.
150	200	Degiac Ubie.
150	200	Fitorari Negusi.
150	200	Cobbèsi Menghesta.
150	200	Fitorari Tikly.
150	200	Degiac Voregna.
500	1,000	Degiac Tegjemma Jule (Negarit Volkait).
400	200	Degiac Siru Vondi abadiva.
2,000	1,000	Degiac Borro Tembien Negarit.
2,500	200	Degiac Teggemma.
4,000	3,000	Degiac Agou Negousi.
		Degiac Ubié Negousi.
		Degiac Volde Jésus.
11,400	8,000	

CHEVAUX	FUSILS	CHEFS MILITAIRES IRRÉGULIERS
50	40	Bellatta desta.
30	40	Afa-Negus-Dadi.
20	60	Kagna as match.
10	30	Sele Katuffa.
50	10	Vondoghevca Salassi.
30	30	Godjo Tuffa.
50	60	Nenwit Ghellu.
50	200	Adiabo Murtcha.
10	30	Schum Tambien Volde Giorgios.
	5	Fitorari Enghedda vork.
	5	Fethi aylu.
30	50	Schum abbèto sam ailé. Schum ailo.
10	30	Fitorari ailu. Ankitcho schum.
40	50	Fitorari Voundi.
10	10	Aba-Gava-ailu.
6	20	Begiorro aba belaccio.
396	670	

Lettre de Mgr DE JACOBIS, *vicaire apostolique d'Abyssinie,*
à M. GILBERT, *vice-consul de France.*

Tohonda, 27 février 1860.

Monsieur le Consul,

D'après le désir que vous m'en avez témoigné, de
vous informer officiellement de la conduite tenue vers
moi par les citoyens du district de Saul-Guodebeau,
de la province d'Akalay-Gonzague, je suis heureux de
pouvoir vous assurer que leur conduite a été vraiment
admirable de loyauté et de générosité. De manière
que, au lieu d'avoir à me plaindre d'eux, je n'ai qu'à

m'en louer et vous assure qu'ils ont bien mérité ma reconnaissance très-profonde.

Sans une ingratitude des plus noires, on ne pourrait oublier jamais ce jour, quand le village d'Halaye s'est levé comme un seul homme pour nous protéger contre les satellites de l'*abouna Salama*, qui marchaient contre nous. Et on ne pourrait pas non plus oublier cette terrible soirée, quand une bonne partie du district de Salou-Guodebeau (de 40 villages), nous a sauvés du massacre imminent des catholiques et de l'incendie de notre résidence d'Halaye, l'armée de ce district ayant été organisée et amenée à notre défense.

La générosité des citoyennes d'Halaye, de Intau et de Tohonda, a voulu se constituer garante vis-à-vis du terrible Théodoros lui-même et nous ménager du temps pour nous sauver de ses mains; ce qui en effet est arrivé.

Dans un moment si critique, j'ai été heureux d'accepter une offre si salutaire, et je me suis trouvé dans le devoir de leur promettre que j'irai voir Théodoros. D'après des engagements si sacrés, il me serait impossible d'accepter, monsieur le Consul, vos bienveillantes et très-répétées invitations, pour m'échapper et me rendre à Massaoua, sans me mettre en contradiction avec mes devoirs, très-bien tracés, et avec ma conscience de chef spirituel des chrétiens catholiques. Abandonner à la merci de ses adversaires mon petit troupeau, à qui, sur l'exemple du divin Sauveur, je dois ma vie, serait une lâcheté très-impie.

Veuillez donc, monsieur le Consul, me bien permettre de vous présenter mes actions de grâce bien sincères et bien profondes, pour toutes les démarches bienveillantes que vous faites continuellement pour moi, et de tous les soucis que vous vous donnez pour ma sûreté, et qui certes, ne resteront pas sans leur juste compensation devant Dieu ni devant les hommes.

Agréez, etc.

N° 324 of 1861.

INSTRUCTIONS RELATIVES A LA TRAITE DES NOIRS SOUS PAVILLON TURC.

From Kinloch Forbes Esq. Acting secretary to government, Bombay. — To Colonel G. H. Robertson C. B. Acting Political Resident, Aden.

Dated, december th 12 1861.

Secret Department.

Sir,

am directed by His Excellency the Governor in Council to acknowledge the receipt of your letter, N° $\frac{636}{185}$ dated the 16th ultimo, reporting the return to Aden of H. M's Schooner Mani, submitting a communication from the Commander of that vessel, in which it is stated that the demand for the restoration of slaves has not been complied with by the Turkish Authorities at Massowah, and requesting instructions for future guidance with reference to the delivering of slaves from a Turkish Province.

2. In reply I am instructed to inform you that the attention of H. M's Govt has presently been drawn to the unsatisfactory state of our relations with the Ottoman Government in respect to the slave trade,

and to direct that pending the receipt of their orders, no attempt be made by our Cruizers to interfere with the traffic carried on in the Turkish Ports of the Red Sea.

3. You are requested to communicate these instructions to Commander Cruttenden and to M. Barroni the Acting Consul at Massowah.

I have the honor to be, etc.

Bombay Castle.   (signed) KINLOCH FORBES.
December 12 th 1861.   Secretary to government.

Lettre de M. PLOWDEN *à M.* BARRONI.

Wadla, 5 décembre 1858.

... Le colonel Coghlan fait bien d'agir avec précaution (relativement à la suppression de la traite) : la loi n'est pas décisive : et vous ferez bien de profiter de son exemple. Il vaut toujours mieux qu'un officier du gouvernement agisse en dedans de ses institutions que de les excéder... Trop de zèle peut compromettre le gouvernement, mais le silence ne peut jamais faire grand tort.. Les affaires du grand monde marchent toujours sans sentir vos efforts isolés. Le commerce d'esclaves cessera peu à peu, le principe étant établi : mais regardez un peu la marche des événements sans perdre votre équilibre et sans écrire trop là-dessus.

Notes sur la traite des esclaves à Massaoua.

De septembre 1844 à septembre 1845, il est entré dans ce port, venant de l'intérieur :

```
800 jeunes filles galla de dix à treize ans,  vendues
      au prix moyen de.........................  55  talaris.
300 garçons galla de même âge,  prix.............  35   —
100 jeunes eunuques , prix.......................  95   —
200 Changalla (nègres) des deux sexes, adultes.....  25   —
100 filles chrétiennes volées sur divers points de l'A-
      byssinie par les musulmans et vendues en partie
      au kaïmakan Rustem qui en fait un grand trafic :
      prix inconnu.
1,000 Barea (produit de la campagne d'Oubié au Barka).  15   —
──────
2,500
```

« Le vol des enfants chrétiens est toujours une belle œuvre aux yeux des musulmans de ce pays. Ce genre de commerce est favorisé par le gouverneur et le prince de la terre ferme. Un seul marchand d'Arkiko, Mehemet Haçan, en a vendu 53 en 1842. J'ai fait quelques réclamations dans les premiers temps que j'étais ici, mais je n'ai pu rien obtenir. » (L. de M. Degoutin à M. Guizot, 4 novembre 1844).

Arrivages d'esclaves de juillet 1857 à septembre 1859. (Extraits du Journal de R. Barroni).

```
10 juillet     1857 :  22 filles galla.
30 août          —     52 Galla par la caravane de Sokoto.
10 septembre     —    250  —
 6 février     1858 : 160 Galla. Envoyé 60 à Djedda.
21  —            —     60 Galla.
28  —            —     60 Galla sont envoyés à Loheia et à Djedda.
 — avril         —     70 Galla arrivent et sont expédiés pour l'Hedjaz.
 2 mai           —     82 Galla.
 7  —            —     11  —
19  —            —     46 Galla. Le gouverneur du Tigré, Sobhodagis
                          Kassa, est dénoncé  au  Négus  comme
```

ayant reçu de l'argent des marchands pour
fermer les yeux sur leurs opérations.

4 Juillet   —   70 Galla amenés par les musulmans de Haoussa.

(De juillet à décembre, lacune dans le journal.)
Du 8 mars au 7 septembre, 438 esclaves ont été embarqués de Massaoua pour Djedda.

8 janvier	1859 :	50	Galla.
11 —	—	35	—
26 —	—	30	—
6 février	—	30	—
9 —	—	22	—
5 mars	—	10	—
12 mai	—	52	—
20 —	—	35	—
23 30 juin	—	92	—
11 septembre	—	150	—

1860. Publication du firman de la Porte contre l'esclavage. Ce firman, grâce aux mauvaises dispositions des gouverneurs, reste lettre morte, et la traite ne fait que croître. A partir de 1860, le chiffre moyen des arrivages à Massaoua est de 1,000 à 1,200 esclaves.

CHANTS POPULAIRES.

*Chant des soldats d'Oubié durant la guerre avec
Sobhodagis-Kassa.*

Djaoui (1) marche à la hâte : son *nagarit* (2) a mugi ;
Qui pourra sauver Sobhodagis-Kassa ?

(1) Nom du cheval favori d'Oubié, et, par extension, sobriquet d'Oubié lui-même.
(2) Tambour de guerre. Les généraux seuls ont droit au nagarit.

Djaoui marche à la hâte, son nagarit le précède :
Le soldat qui a peur dit à sa femme : Donne-moi le
[kousso.

Le nagarit de Djaoui a fait trembler la frontière :
Le brave se réjouit et le lâche s'effraie.

Quand les balles sifflent, quand la fumée monte,
Ceux qui paradent dans les rues, où sont-ils?

Jeune homme aux cheveux tressés, n'aie pas peur de
Tu perdrais le titre de *zeraf* (paladin).   [la mort.

*Distique d'Oubié contre Ras-Ali, à l'ouverture de la
campagne de 1841.*

Nous avons labouré (conquis) le Semen, labouré le
[Tigré, labouré le Ouolkait :
Seul le Beghemder reste couvert d'herbes inutiles (in-
[soumis).

Réplique de Ras-Ali.

Le feu s'étend et épie les herbes desséchées :
Pourquoi Oubié a-t-il convoité le pays d Abba-Goullo(1).

Chant satirique contre Théodore II.

(Ce chant, très-populaire dans les provinces révol-
tées, paraît être l'œuvre d'une fille d'Oubié).

(1) Cri de guerre de Ras-Ali.

Beghemder, jusqu'à ce jour tu as vécu tranquille ;
Kassa t'arrive : prépare toi à souffrir.

Je n'ai jamais vu un pareil *madega* (1) :
Il a beau tomber à terre, il ne se rompt jamais.

Le madega n'est jamais plein jusqu'au bord ;
Il est dur de payer deux fois le *fasach* (l'impôt en grains).

Le Négus est parti ; il a commencé à marcher :
Puis il s'est arrêté, car il n'avait pas tout détruit.

Heureuse nouvelle : il n'y a plus de poussière (sur les
Vu que les arbres sont couverts de pendus.   [routes),

On a pendu le père sur le toit de sa maison
Parce que ses enfants criaient : *Du pain ! du pain !*

Quand le fléau vient, il ne fait pas de proclamation :
Il se hâte et jette ses filets dans la nuit.

Vous qui êtes dans les forêts et les cavernes, je vous
[apporte des nouvelles ;
La douleur est parmi les hommes : ne croyez pas que
[Kassa soit parti.

Le geôlier de Beurrou, le meurtrier de Gocho,
Se tient sur la place, c'est moi qui vous le dis ;

Et que dire à celui que le sort favorise ?
Beurrou est seul, et je ne suis qu'une femme :

(1) Mesure pour le blé, principalement pour celui de l'impôt. La capacité du *madega* varie suivant le caprice du souverain.

Voilà pourquoi l'ennemi de Gocho a passé (impuné-
[ment) sous mes yeux.

Cinq doses de lèpre, six doses de famine,
Voilà ce que vous avez gagné au règne du Négus.

Si quelqu'un m'accuse pour avoir ainsi parlé,
Il peut prendre ma lèpre, c'est tout ce qui me reste (1).

Le Vaggara est incendié, le Semen mis en poudre ;
Où puis-je aller maintenant sans me trouver à l'étroit?

La cavalerie de l'aile droite était nombreuse ;
La cavalerie de l'aile gauche était innombrable,
Si bien qu'Oubié a dû se plier au tribut.

Poussée à travers les épines et les bois, hors des routes
La race d'aujourd'hui a péri :   [battues,

... Je te renie, Satan, — la terre a englouti les
[hommes (d'honneur).
Où trouver un maître qui te ressemble,
Oubié? Sauve-moi, — écoute-moi, mon seigneur :

Que Dieu récompense Sa Majesté le Négus !
Il nous a envoyé les os, après avoir consommé la chair.

La justice d'Oubié, je l'aimais bien ;
La justice d'Ali, je l'aimais tant ;
                                        [été refusé.
Je te renie, Satan, — ce que j'avais dans le cœur m'a
La terre a tremblé de frayeur quand *dedjaz* Chetou et
fit-aurari Ambak sont tombés l'un après l'autre en
pâture aux hyènes.

(1) Le dénonciateur d'un criminel d'Etat a part à sa dé-
pouille.

Je me suis retenue de pleurer,
Et pourtant la plainte est si douce!

Mon vêtement est usé, de dessous et de dessus ;
Mes amis sont dans le malheur ;
Je viens à toi pour que tu me vêtes, ô terre !

Mes frères se sont éloignés ;
Moi, leur sœur, ils m'ont quittée ;
Je suis restée en arrière, gardant leurs vêtements.

Ma patrie est au-dessus des nuages,   [souffre.
Là où l'on n'ensevelit pas de morts, là où personne ne

Ma patrie est au-dessus des nuages ;
Si je suis encore ici, c'est le pain qui m'y a menée (1).

Voyez ces vautours réunis :
C'est que dans le pays un étranger est mort.

Vienne à mourir un paysan,   [vail.
Lui du moins on le pleure aux jours de fête ou de tra-

De Godjam à Legaura
On a semé bien des gens, mais rien n'a levé.

L'abondance est venue au Beghemder en commençant
                                            [au Godjam ;
C'est le Galla qui a été le moissonneur, et le vautour
                                            [qui a récolté.

La femme stérile s'afflige de n'avoir pas engendré,
Et nous qui sommes nés, nous sommes devenus
                                            [comme des brutes.

(1) *Littéralement*, par la bride.

Que ne suis-je restée dans le ventre de ma mère, *non-née;*
Que ne me suis-je rompu le cou à la montée de
[Magdala! (1)
Le fils est né, que manque-t-il?
Le terrain est labouré, que sèmera-t-on ?

Le roi de la terre enchaîne et pille comme il veut,
Mais là haut, dans le ciel, il y a un juge plus grand
[que lui !

Lettre du P. STELLA *à M.* BARRONI.

Karen il 13 décembre 1861.

Pregiatissimo Signore ed Amico,

Desideroso di sapere delle di Lei notizie, le scrivo questa letterina. Jo ho fatto un viaggio ai Baria i quali m'hanno ricevuto benissimo. Questa povera tribu l'anno scorso è stata saccheggiata da Ato Ladeck di Aviabo al quale pagó il tributo, ma non poté avere i figli e le figlie che loro rubarono. L'istesso anno il Deglel saccheggió pure due o tre volte i Baria e rubó loro noble persone. — Povera tribu, si trova in mezzo a due fuochi. J. Baria chiesero a me di proteggerla, ma come fare? Sarebbero disposti ad emigare e avvicinarsi ai nostri terreni, ma allora pure non manchebbero parole. Loro promisi di far quel che potrei, epper ò mi raccommando a Lei, onde mi dia qualche consiglio su questo punto. — Ella sa che il Deglel è

(1) Prison d'État.

soggetto all'Egitto, eppure sempre prende schiavi dei Baria quando può.

Devotissimo servo ed Amico,
G. STELLA.

Extrait d'une lettre de M. R. BARRONI au consul général d'Italie, du 1er juin 1863.

Il console francese fu egregiamente ricevuto dall'-Imperatore Teodoro al di lui arrivo in Godjam, e di già il dittatore Etiopico intendeva incaricarlo d'un' ambasciata che progettava inviare all'Imperatore di Francia al ritorno di M. Bardel spedito, or sono quattro mesi, da Teodoro a Napoleone con appositi dispacci risguardanti le sue pretese e divitti su di alcune provincie ora spettanti al governo Egiziano, allorchè dietro *falsi rapporti, stranieri intrighi,* e *mal consigliato da suoi partigiani,* pose in catene il rappresentante francese, e sequestrogli tutte le armi e bagagli che trovavansi con esso lui. Dopo due giorni di arresto M. Lejean fu posto in liberta, e restituitogli quanto gli spettava, gli fu permesso di partire per Devra-Tabor...

Lettre de M. DELEYE, v.-consul de France, à l'ambassadeur de France à Constantinople.

Massaoua, le 29 novembre 1854.

Monsieur l'Ambassadeur,

J'ai l'honneur d'envoyer ci-joint à Votre Excellence la copie d'une protestation que j'ai adressée à Ibra-

him-Pacha, gouverneur de Massaoua et qui a été signée par mon collègue, M. Plowden, consul de sa
Majesté Britannique. Voici, Monsieur l'Ambassadeur,
quelques détails qui expliqueront à Votre Excellence
le motif de cette protestation. Il y a quelques mois, un
chef subalterne de l'Hamazène avait volé quelques vaches appartenant à la tribu des Choas, anjourd'hui le
Naïb, officier de la S. P., sous les ordres directs du
gouverneur de Massaoua, chef de ces peuplades er-
rantes, a cru voir dans ce fait un motif d'hostilités.
Avec environ cent-cinquante soldats turcs, il est entré
dans cette province, a brûlé une église et quelques
villages et semé la dévastation sur tout son passage.
L'Hamazène, Monsieur l'Ambassadeur, est un pays
chrétien, il appartient au chef du Tigré, depuis les
temps les plus reculés. Une démonstration pareille
faite à main armée peut donc entraîner une guerre
avec l'Abyssinie et compromettre l'île de Massaoua
et les intérêts du Sultan. Le Pacha devait avant tout
s'adresser à Oubié, chef du Tigré, lui porter ses réclamations et, en cas de refus de sa part de les admet-
tre à écrire à son gouvernement et lui demander des
ordres, ne s'agissant nullement ici de cas de légitime
défense, mais de représailles. Il me semble encore,
Monsieur l'Ambassadeur, que le Pacha eût du nous
consulter avant de compromettre son pavillon, qui est
allié des nôtres, et de rêver, sous l'influence des va-
peurs du hachich, la conquête des provinces éloignées, chrétiennes et indépendantes, quand il ne peut
gouverner son propre état. Devant ces considérations,
il était de notre devoir de protester, nous l'avons
fait surtout au point de vue du résultat barbare et
odieux de cette razzia, celui de se procurer des esclaves, et, chose terrible à penser, des esclaves chrétiens.

En adressant cette protestation au gouverneur de Massaoua, nous étions persuadés d'avance, Monsieur l'Ambassadeur qu'il n'en tiendrait nul compte; seulement nous avons voulu être en règle avec notre devoir. J'ai le regret d'annoncer à Votre Excellence, que jusqu'à ce jour Ibrahim-Pacha ne nous a pas encore répondu.

Affaire des Bogos.

Keren, le 1ᵉʳ janvier 1863.

Monsieur le Consul,

Que la lettre des Bogos arrive au consul français de Massaoua. Salut à vous.

Depuis que vous nous avez quittés, les Baria et les Beni-Amer, au nombre de 1,000, sans que nous eussions entendu aucune nouvelle, dans l'obscurité de la nuit, tombèrent sur nous, et tuèrent 49 de nos hommes; ils emmenèrent prisonniers femmes et enfants, plus de 100, et ils nous ravagèrent nos troupeaux, enlevant 1,300 vaches et chèvres.

Vous savez, M. le Consul, que les Baria et les Beni-Amer payent le tribut à l'Égypte. Or, nous ne connaissons que Sa Majesté l'Empereur des Français qui nous aide, et pour cela nous vous prions et portons nos plaintes à vous, afin que vous en donniez connaissance à Sa Majesté l'Empereur des Français pour qu'il nous fasse rendre nos gens et nos troupeaux, et qu'il nous donne sa protection efficace, et qu'il nous regarde comme ses sujets, et nous aide selon sa sagesse.

Nous avons consigné cette lettre à notre Père, M. Stella, afin qu'il vous la donne, parce qu'il connaît **toutes** nos affaires.

Noms des chefs :

EDEGH-NOD-FIDEL,
EZUR-NOD-MENDER,
BERRIH-NOD-REDI,
GHEBRA-SELASSIE-UOD-ACHIM,
GONDAR-UOD-ARADOM.

MARCHÉS ABYSSINS [1]

Les transactions qui constituent le mouvement ordinaire des petits marchés abyssins m'ont semblé un
peu moins actives que celles du Soudan égyptien.
Cela tient à des besoins plus restreints et à un esprit
commercial plus lent et plus routinier.

Tous les marchés abyssins sont hebdomadaires.
Presque tous se tiennent à quelque distance des lieux
habités, dans de petites plaines découvertes et semées
de grosses pierres qui servent de siéges aux vendeurs
et aux acheteurs. Peu sont connus pour une spécialité
quelconque : dans tous, on trouve tout ce qui est nécessaire pour l'humble approvisionnement du ménage
rural, grains, kousso, poivre rouge, tissus grossiers,
miel, etc. Pour le voyageur, qui trouve fort difficilement à s'approvisionner de gré à gré dans les villages
où il passe (grâce à la propension trop naturelle du
paysan abyssin à feindre l'extrême misère pour n'être
ni rançonné ni pillé par les soldats royaux), pour le
voyageur, dis je, la connaissance des lieux et jours
de marché est une chose très-nécessaire. C'est pour
cela que j'ai esquissé le tableau suivant, comme un

(1) Tous les rapports suivants ont été envoyés de Devra-
Tabor par l'auteur en 1863. L'état des choses qu'ils relatent
ne s'est pas sensiblement modifié depuis.

canevas fort imparfait que des renseignements ulté-
rieurs pourront rectifier et compléter.

J'ai dit ailleurs que la seule monnaie qui ait cours
en Abyssinie est le talaro ou thaler Marie-Thérèse
(*beur* en amharique, *ryal* en tigrinia) de 5 fr. 26 c.
La cotonnade d'Espagne est aussi reçue dans le Choa.
Les fractions du talaro sont les *sels* (tchoou), morceaux
de sel en forme de navette de tisserand, et qu'on va
recueillir par grandes caravanes armées à la *plaine de
sel*, vers Rorom, au pays des Taltats. Le grand marché
du sel est Ficho, premier village abyssin vers l'Agamé : les sels s'y vendent à raison de 60 au talaro; à
Adoua, il ne sont plus que de 40, à Gondar de 32, et ce
chiffre baisse de plus en plus à mesure que la saison
des pluies approche, car elle cause de grands déchets
dans ce singulier numéraire. Les sels qui sont à 32 le
talaro en avril, sont à 24 en juin, à 17 vers le 1er juillet. Leur valeur varie de 15 à 30 cent.

Dans le Tigré, le *sel* est remplacé par le *gourbab*, tissu
de coton grossier, à 4 au talaro : fraction fort incom-
mode, car on comprend que les neuf dixièmes des
achats au détail sont fort inférieurs à une valeur
de 1 fr. 30 cent., valeur du gourbab. Dans ce cas, on
use du procédé fort primitif des échanges, en donnant
pour menue monnaie une poignée de poivre rouge, de
tabac, une calebasse de grains, etc.

Je ne connais absolument aucun marché dans les
basses terres qui environnent l'Abyssinie et qu'habi-
tent des tribus pastorales ou agricoles. J'excepte seulement le marché quotidien de *Mogollo*, chez les Barea, peuple païen et demi-nègre, actif et laborieux.
Il s'y fait en grains (dourra) autant d'affaires qu'à
Guedaref même.

NOMS DES MARCHÉS	PROVINCES	JOURS de la Semaine	OBSERVATIONS
Gondar.	Dembea.	Samedi.	Marché très-bien fourni : bétail, mules, miel, vêtements, etc.
Derita.	Beghemder.	Lundi.	(Ville musulmane : capitaux).
Ifag.	Fogara.	Mercredi.	Mules, outres, peaux, miel, etc.
Devra-Tabor.	Beghemder.	Lundi.	Grains, légumes, bétail, kousso, etc.
Tchambelga.	Voggara.	Mardi.	Id. id.
Vochni.	Tchelga.	Samedi.	Grand marché des cotons du Sennâr.
Tchelga.	Id.	Lundi.	Id.
Djenda.	Dembea.	Mardi.	Légumes, grains oléagineux.
Mahdera-Mariam.	Beghemder.	Samedi.	Grains, poivre.
Dobarick.	Voggara.	Mercredi.	Mules, grains, bétail.
Haouça.	Kolla-Voggara.	Samedi.	(Ville musulmane), chevaux, grains.
Sarentea.	Id.		
Zarima.	Id.	Samedi.	Article principal : Volailles.
Koudofelassi.	Seraoué.	Id.	Grains, mules, peaux.
Guala.	Agamé.	Id.	
Tederer.	Okolé Gouzay.	Mardi.	Grains, beurre, peaux.
Addigrat.	Agamé.	Samedi.	Grains.
Hambera.	Tigré propre.	Mercredi.	Id.
Axoum.	Id. id.	Jeudi.	Grains, bétail, moutons.
Adoua.	Id. id.	Samedi.	Sel, huile, mules, etc. La vente principale se fait à domicile.
Addis-Addi.	Id. id.	Jeudi.	
Atsvi.	Enderta.	Vendredi.	Chevaux, mules, sel, moutons, etc.
Haouzène.	Haramat.	Jeudi.	Mules.
Choumezana.	Okolé-Gouzay.	Id.	
Antalo.	Enderta.	Samedi.	
Ounandom.	Okolé-Gouzay.	Id.	
Idega-Chaha.	Chiré.	Id.	Grains, moutons,
Dokua.	Voggara.	Jeudi.	Grains, bétail.
Dega Sone.	Tigré.	Lundi.	
Gheche.	Ouollo-Galla.	Jeudi.	Chevaux estimés, moutons.
Bousso.	Id. id.	Mardi.	Chevaux.
Melek-Sanka.	Id. id.	Lundi.	Id.
Dera.	Beghemder.	Mardi.	Bétail.
Kolkoalko.	Id.	Id.	Grains, beurre, poivre.
Ibenat.	Id.	Id.	Grains, chimbera, moutons.
Koarata.	Id.	Id.	Poivre, tabac, café (à domicile). Force capitalistes.
Beya.	Borena.	Samedi.	
Alyu-Amba.	Choa.	Id.	Troisième marché d'Abyssinie. Café, esclaves.
Garda,	Id.	Id.	
Basso.	Damot.	Id.	Premier marché d'Abyssinie : grand débouché des pays gallas. Café, or, esclaves.

APERÇU GÉNÉRAL

SUR LE COMMERCE DE L'EST-AFRIQUE

Du jour où le commerce sort de la sphère grossière et limitée des simples échanges, le crédit devient sa nécessité la plus urgente et sa suprême loi. Ce crédit, l'Europe et l'Amérique civilisées l'ont atteint par la paix, la sûreté des transactions internationales et les institutions commerciales les plus perfectionnées que le monde ait connues; l'Afrique et l'Orient, plus ou moins dépourvues de ces bienfaits, tâchent d'y suppléer par l'esprit d'association. De là sont nées ces castes commerciales qui couvrent l'Afrique musulmane, sortes de confréries sans caractère légal proprement dit, mais dont les membres sont liés entre eux par un certain honneur de corps et une solidarité qui a pour résultat de leur livrer le monopole de certaines zones fermées à la concurrence étrangère. Je crois pouvoir affirmer que, sur tous les marchés de l'intérieur et probablement sur ceux du littoral, le commerce européen, malgré la supériorité de son organisation et de ses produits, ne peut espérer de lutter avec ces grandes confréries qui ont pour elles l'avantage le plus précieux dans l'Orient routinier: une possession datant de deux à trois siècles. On le voit assez à Aden, à Massaoua, à Khartoum. Il est bien certain qu'une maison européenne arrivant avec un capital de 100,000 francs sur les places de Gallabat et Messalamié, s'y fera battre par ces Hadarba et Danagla, dont le plus riche n'a jamais 1,500 dollars en caisse. Le plus sûr et le plus avantageux sera d'intéresser le commerce indigène à ses opérations, principalement en servant d'intermédiaire entre l'Europe et lui: c'est pour cela qu'il importe de l'étudier aussi à fond que possible, dans son organisation, ses zones d'action et les connexions de ses diverses sociétés entre elles.

Ces confréries que nous allons passer en revue sont pour la plupart musulmanes: mais, bien que l'élément religieux soit très-puissant au Soudan, les nécessités de l'entente commerciale ont établi une certaine tolérance qui ne date pas d'aujourd'hui. Le *Taghir* musulman fraie fort bien avec le Banian, le *Neggadé* abyssin, le Sarracolet païen. Je ferai remarquer en passant que le sens pratique des affaires me semble plus développé chez les musulmans que chez les chrétiens et les idolâtres. Je ne parle pas des Juifs, qui ne forment nulle part entre les tropiques des groupes perceptibles. En Abyssinie, ils sont forgerons; dans la Tripolitaine, laboureurs; au Maroc, où ils sont nombreux, j'ignore ce qu'ils sont.

Il y a un certain nombre de marchés-frontières qui servent de trait-d'union entre les différentes confréries, de façon que, du Cap-Vert à la mer Rouge, la ligne des transactions commerciales n'est jamais interrompue. La guerre même, qui est l'état permanent en Afrique, ne les arrête pas: une sorte de loi internationale, tacitement reconnue, protége les caravanes. Le chef d'un état régulier pourra les pressurer, mais jamais les piller. Le seul ennemi pour elles est l'Arabe

Maghrebi, qui coupe les routes du désert, principalement au nord et à l'est du Darfour. Vers 1848, la caravane du Kordofan, de deux à trois cents têtes, a été égorgée tout entière par les Beni-Djerar. C'est du reste la lâcheté des marchands qui fait beau jeu aux pillards, car ceux-ci n'ont osé s'attaquer à une caravane disposant d'une dizaine de bons fusils.

<hr>

HADARBA.

C'est le nom général d'une tribu peu nombreuse qui habite le continent en face de Souakin, et le nom particulier d'une confrérie de marchands peu nombreux occupant Souakin, Messalamié, Kassala. Ils font principalement l'ivoire, surtout celui de seconde qualité, qui se vend à Khartoum, moitié prix de la première qualité, c'est-à-dire au prix moyen de 50 talaris le kantar ou quintal arabe. Les Hadarba ont généralement leur domicile à Souakin, une succursale à Messalamié, des correspondants à Khartoum, à Kassala, à Berber et à Djedda. C'est surtout par ce dernier port qu'ils communiquent avec l'Inde. Ils apportent sur les marchés soudaniens le sandal, les épices, les tissus dits *cherghi* ou orientaux. Les principales maisons hadarba sont celles de Chetié et Hadj-el-Mas.

Les Hadarba sont une race peu nombreuse, mais influente par son aisance, son intelligence et son aptitude à s'assimiler les progrès apportés par les Européens. Je les ai vus, à Souakin, user du télégraphe pour se tenir au courant des prix du Caire, de Bombay, etc.

<hr>

DANAGLA.

Les Danagla (sing. Dongolaoui) sont une nation principalement marchande et émigrante, qui tire son nom de Dongolah, son centre politique nominal. L'extrême pauvreté du territoire qu'ils occupent le long du Nil les a obligés à demander à d'autres industries les ressources que l'agriculture ne leur donne pas. Les plus intelligents et les plus aisés ont reflué sur les villes du Soudan égyptien et du Darfour; d'autres ont colonisé le nord du Kordofan, vers le Haraza; les plus pauvres se sont faits domestiques au Caire et à Khartoum, où ils paraissent former la majorité de la population.

Les Danagla ont deux grands centres commerciaux: Khartoum et Kobbé. C'est à Khartoum qu'est le siége de leurs grandes maisons, Lagat, Bisseli, Abdel-Hamid, Ali-Houmouri. Ils font surtout l'ivoire, les armes, les verroteries, les cotonnades. Quelques-uns se sont hasardés au fleuve Blanc, à la suite des Européens, mais la plupart préfèrent agioter à Khartoum même, sur les arrivages en ivoire du haut du fleuve. La plupart se livrent à un commerce illégal, la traite des noirs, que font du reste indistinctement presque toutes les maisons de Khartoum. D'autres remontent le fleuve Bleu et font le commerce des grains avec Messalamié, des gommes avec Karkodj, de l'or avec le Fazokl et les Baggara, du sésame avec la région de Sennar, des esclaves gallas avec Metanuna-Gallabat et Fadassi. Mais une concurrence illimitée que leur font les Européens, les Coptes, les Syriens, les Arméniens, leur rend la zone du Soudan égyptien moins lucrative, et leur rayon de préférence est le Darfour, avec le Kordofan.

Les Danagla ont le monopole du trafic dans le Darfour, qui leur doit d'ailleurs le quelque peu de civilisation dont il jouit. Ils y forment un pouvoir compact,
fort, qui s'impose au gouvernement lui-même et lui
dicte ces mesures d'exclusion qui ont fermé le pays
à tout commerce européen. On peut consulter sur le
commerce du Darfour, le livre assez connu de Mohammed Tounsy, en attendant mieux. J'ai essayé à Siout
d'interroger des *tudjar* danagla, venant de ce pays,
mais leur défiance et leur crainte de concurrents
« francs » leur ont fermé toujours la bouche. Leur
grande ligne, qui est aussi celle de la caravanne de la
Mecque, est de Kobbé (capitale marchande du Darfour) à Siout (Moyenne-Égypte), par l'affreux désert
libyque, où ils trouvent les puits de Zer'aoua, Selim-
neh, et l'Oasis du sud, dite plus spécialement el Ouah.
Cette route leur prend de quatre-vingt-douze à quatre-
vingt-seize jours, à ce qu'ils m'ont dit, parce qu'ils
font de longues stations là où ils trouvent de l'eau et
un peu de pâturages pour leurs chameaux. — Leurs
bénéfices sont assez grands, parce qu'eux seuls sont
capables d'assez de sobriété pour en faire dans un
commerce assez ingrat, avec un pays qui consomme
peu et produit encore moins. Le Darfour donne des
esclaves, des plumes d'autruche, de l'ivoire, de l'or
et du cuivre produit par les fameuses mines de Hofra
en Nahas, au sud. Ils ont aussi réussi à se frayer une
route de Hofrat à Kâka et à Denab-Fachoda, sur le
Nil Blanc, route traversant des parages inconnus des
Européens, comme les villes de Talgaouna, Teba,
Chât, au pays des Fertit, plusieurs rivières, une région très-montagneuse et la plaine des Arabes Homour.
Browne, en 1796, a eu de vagues notions sur cette

route, car il parle de Chât (Shat) et de la route qui y passe.

Quant au commerce des Danagla avec Fadassi, grand marché des pays gallas, il est facilité par de petites colonies danagla et arabes espacées sur cette route, à Goulé, à Doul, à Beni-Changol. Ils voyagent sans danger sur cette ligne, grâce à leur teint plus foncé que celui des Gallas mêmes; car des marchands blancs ou cuivrés seraient pris par les indigènes pour des *Turcs*, et massacrés même à portée de fusil des postes égyptiens. — Je manque de données sur Fadassi : je sais que c'est un des plus grands marchés de l'Afrique (or, esclaves, ivoire et café), mais j'ignore si les Danagla y ont le pas sur les marchands abyssins, maîtres des marchés plus à l'est.

ABYSSINS.

Les Abyssins n'ont pas l'esprit commercial, et le peu de trafic que la nécessité les oblige à faire, témoigne de leur inaptitude innée en cette matière. Bien que ce pays soit, après le Delta égyptien, la partie de l'Afrique la mieux douée par la nature pour les productions de tout genre, c'est, comme le stérile Darfour, une région de production et de consommation presque nulles. Le bien-être de l'Abyssin se réduit à fort peu de chose : quelques vêtements et quelques armes qu'il fabrique lui-même; rien pour le luxe, sauf du bétail et des mules qui restent dans le pays, faute de débouché. Le café, la cire, les peaux, les esclaves, voilà les quatre commerces florissants de temps immémorial en Abyssinie. (J'en parle dans des rapports spéciaux).

Le pur marchand (neggadé) abyssin est musulman, mais beaucoup de chrétiens, témoins de leurs bénéfices, ont voulu les partager et ont embrassé la même carrière, où ils apportent en général moins de probité et d'intelligence que les musulmans. Aussi est-ce parmi ceux-ci qu'on choisit de préférence les neggad'ras (préposés des douanes).

Il y a parmi les neggadé deux classes distinctes : les *grands*, à qui un usage établi réserve le monopole de l'ivoire, de l'or, des soieries ; les *petits*, qui voyagent plus spécialement pour les peaux, la cire, les cotonnades, etc. Les grands neggadé vont au pays galla, jusqu'au Kaffa, principalement pour le café et les esclaves ; ils y jouissent d'une grande influence, due à leurs dollars et au besoin qu'on a d'eux. Quand ils ont fait leur chargement, ils reviennent à Koarata et à Gondar, d'où ils descendent sur Gallabat, quand ils ont des esclaves, et sur Massaoua, pour les autres articles. Comme le gouvernement abyssin n'a pas de chargé d'affaires à Massaoua, tout neggadé a là un correspondant indigène qui le loge, lui sert de garant et d'intermédiaire pour ses affaires, et prélève un droit d'environ un douzième sur toutes ses transactions, ce qui n'empêche pas le neggadé de réaliser d'assez beaux profits, ayant très-peu de frais d'ailleurs. Quand il a écoulé son ivoire ou son café, il emporte le tiers du produit en numéraire et les deux autres tiers en articles de l'Inde, cotonnades, soieries, fer, cuivre, etc. Les articles d'Égypte ou d'Europe qu'il prend sont presque nuls.

Le marchand, estimé dans les pays musulmans, est médiocrement prisé en Abyssinie, et quoique les prix de certaines denrées d'importation à Gondar ou à Adoua soient au prix des mêmes articles à Massaoua,

comme de quatre à un, les risques d'avanies et de pillage sont tels depuis une quinzaine d'années, que les
fortunes de 2,000 dollars sont assez rares. L'ancien
usage abyssin, respecté même au plus fort des guerres
civiles : « Épargner les églises et les caravanes, »
n'est plus qu'un souvenir sous Théodore II.

BANIANS.

Cette classe de commerçants venus, comme on sait
de l'Inde, où elle professe une variété de brahmisme,
règne sans rivale dans la mer Rouge, de Djedda au
détroit, et a Massaoua pour quartier-général. C'es
une classe de gens d'une dévotion rigide, d'une certaine probité relative, et qui, bien qu'habitant à Massaoua un quartier à eux, autour du bazar, vivent sur
un pied assez intime avec l'aristocratie commerciale
de l'île, dans laquelle d'ailleurs ils tendent de plus en
plus à se fondre. Les Banians, nés dans l'Inde ou à
Aden, sont peu nombreux à Massaoua ; aussi la protection britannique y est-elle d'autant moins invoquée
que ceux mêmes qui y ont droit ne semblent pas soucieux de recourir à une ingérence *infidèle*, bien dif-
férents en cela des musulmans d'Alger, qui, dans la
mer Rouge, portent assez haut leur qualité de sujets
français et en comprennent très-bien les priviléges.
Comme les Massaouanis forment un corps très-com-
pact, et que dans ce corps les Banians semblent dominer par le poids des capitaux, je porte ici ce que
j'ai à dire de cette corporation curieuse.

Les Massaouanis ont peu de numéraire : presque
toutes leurs affaires se font par échange et par crédit.
Ils ne connaissent pas nos lettres de change. Derniè-

rement, l'agent consulaire anglais ayant voulu con-
tracter un emprunt, n'a trouvé chez ses protégés
eux-mêmes que 50 talaris, à un intérêt exorbitant
(36 pour 100, je crois). Leurs rares transferts d'argent ont lieu sur Aden. Leur tactique fort simple
est de monopoliser le marché. Voici comment ils y
parviennent : Tout commerçant étranger arrivant à
Massaoua, doit y avoir un *adari*, c'est le titre du correspondant dont il est parlé au paragraphe précédent.
L'adari héberge son correspondant, fait le courtage
sur la place, est son répondant devant la corporation
et les autorités. Le droit qu'il prélève est un peu
lourd, mais je ne conseillerais à aucun Européen arrivant à Massaoua de s'y soustraire; il serait mis en
quarantaine par la corporation. Les Abyssins, sur lesquels pèse lourdement ce droit, sont trop routiniers
pour seconder les efforts d'un innovateur européen
qui viendrait les en affranchir en se mettant en rapport
direct avec eux.

Je dirai incidemment, dans l'intérêt des nombreux
Européens qui viennent chasser l'éléphant dans le
Barka, que l'usage de *l'adari* règne parmi toutes ces
tribus pastorales, de la mer Rouge au Nil (Beni-Amer,
Hadendoa, Barea, Bogos, Habab, etc.). Le chasseur
prend partout où il passe un *adari*, qui lui doit l'hospitalité, lui fournit des guides et lui fait restituer son
dû, soit objets volés, soit éléphants blessés à mort par
lui et qui sont allés mourir plus loin. Le droit de l'a-
dari se prélève sur chaque éléphant tué, se règle à
l'amiable et n'est jamais trop lourd. Les chasseurs qui
ont dédaigné de prendre des adari ont perdu leurs
plus belles pièces.

Je reviens aux Massaouanis. Une manœuvre qui m'a
semblé très-intentionnelle constitue toute leur habi-

leté commerciale. Le marché étant entre leurs mains, ils créent des disettes factices et des hausses subites, même sur les objets de première nécessité. J'ai vu, en novembre 1863, la ville sans farine et sans riz pendant quinze jours. L'autorité favorise ces manœuvres et y prend part en accaparant et vendant au prix qu'il lui plaît le beurre, le miel, et en général tout ce que fournit la banlieue, et que le kaïmakan taxe à volonté. Le monopole, aboli en Égypte, revit dans ces colonies éloignées de la Porte. Les nationalités diverses des Massaouanis se reconnaissent à leurs noms de famille, chose unique en pays musulman. Il y a les familles Adulaï (d'Adulis), Yemené (d'Yémen), Farsi (de Perse), Djeddaoui (de Djedda), etc. Les principales maisons en ce moment, sont les suivantes : Abdallah Effendi, Mohammed Dankali, Abdallah Dossal, Eyou Haba, Omer Chinati, Mohammed Hadara, Gewan, Ali Badjinet, Yagoub-Aga, Mohammed Djabbera, Petros (Arménien), Adem Kourman (Abyssin).

EUROPÉENS (de Khartoum).

La colonie européenne de Khartoum doit son origine à la découverte du fleuve Blanc, en 1840. Le gouvernement égyptien avait commencé par monopoliser le commerce lucratif de ce fleuve, et avait employé à la traite de l'ivoire et des esclaves quelques Européens plus actifs et plus intelligents que ses agents turcs ou arabes. Ces Européens se lassèrent de travailler pour le compte de l'État, attaquèrent le monopole, le détruisirent, grâce à l'aide des consuls généraux d'Alexandrie, et se mirent à exploiter le Nil pour leur propre compte. Les Danagla et autres indigènes s'y jetèrent à leur suite et ont réussi à y balancer l'influence des Européens, d'ailleurs très désunis entre eux.

A la date de 1860, les maisons européennes de Khartoum exploitant le fleuve Blanc se répartissaient ainsi : quatre françaises (Barthélemy, Poncet frères, Vayssière, Malzac) ; deux britanniques (Petherick, De Bono, maltais) ; deux autrichiennes (Binder, Tonch). Deux années plus tard, une crise commerciale amenée par des actes imprudents ou criminels, des faits de traite des noirs, etc., et par des mesures répressives que les consulats européens avaient dû provoquer, fermait le fleuve Blanc à la plupart des Européens, plus ou moins compromis dans ces actes ; mais, le gouvernement égyptien n'ayant pas franchement adopté les mesures en question, il en est résulté une chose regrettable et inattendue, c'est que les sujets égyptiens, bien plus compromis que les Européens, sont restés les maîtres du fleuve et de ses marchés.

Les Khartoumiens élargissent chaque année leur cercle d'opérations dans le sud et le sud-ouest, d'après une loi fort naturelle : c'est qu'une concurrence illimitée diminuant tous les ans leurs bénéfices, tandis que l'hostilité croissante des noirs les oblige à augmenter le personnel armé de leurs expéditions, et d'autre part les grands troupeaux d'éléphants s'éloignant de plus en plus du fleuve pour trouver plus de repos dans les immenses savanes de l'ouest, il a fallu déplacer au moins tous les deux ou trois ans les postes les plus avancés de la chasse et de la traite, et s'enfoncer de huit à dix jours dans l'intérieur. Ainsi, les comptoirs de De Bono se sont avancés en trois ans de Gondokoro à Faloro, vers les Gallas, et ceux qu'on avait créés chez les Djour, ont atteint en 1862 le pays des Nyam-Nyams (cannibales).

Les Européens de Khartoum traitent directement avec les noirs, et, sur les places du Soudan, avec les Danagla et les Hadarba. Une maison italienne (Antognoli-Bolognesi) est la seule qui soit, par Gallabat, en relations avec les Abyssins, principalement pour la cire. Le Kordofan comptait, il y vingt ans, beaucoup d'Européens occupés de la traite des gommes; mais tous ont quitté ce commerce pour les bénéfices plus rapides du fleuve Blanc, et l'ont cédée aux Danagla, dont la maison la plus riche au Kordofan est la maison Sgaïroun, de Koursi.

BERI.

Ce sont des nègres idolâtres gouvernés par des rois; et seuls, parmi les nègres païens de l'est, ils voyagent en caravanes hors de leurs pays, surtout vers le sud et le sud-est. Ils exportent l'ivoire et importent le fer et le sel. Leur commerce avec l'est a beaucoup diminué, parce qu'il y a un peu moins d'un siècle, ils massacrèrent par trahison une caravane de Gallas ou de Souahélis, ce qui a éloigné les caravanes postérieures. Ils n'ont aucune relation avec les blancs, quoique leur pays ne soit qu'à six journées de Gondokoro; mais la route est devenue impossible pour les Khartoumiens depuis la collision de Liria (à mi-chemin du Nil aux Beri), où 117 Khartoumiens ont péri en 1860.

SOUAHÉLIS.

Les Somalis et les Souahélis, sujets plus ou moins nominaux du sultan de Zanzibar, ne forment qu'un même corps qui exploite presque tout le pays galla, et étend ses opérations au sud jusqu'au rayon portugais de Mozambique. Ce sont les Danagla de l'équateur. Musulmans et seuls maîtres du marché, ils en écartent avec soin tous les blancs, qu'ils feraient au besoin massacrer par les Gallas et les nègres, dont ils ont seuls la confiance. Ils ont des comptoirs dans l'intérieur, comme Ganané pour les Gallas, Ujiji pour l'Ounyamouézi, Kazeh, Muanza, Burgenei, Kitangura, pour la région du Nyanza. Toutes les routes caravanières rayonnent autour de ces comptoirs. Les *kalifas* zanzibariennes tirent de ces régions le café, l'ivoire, les esclaves, l'or, et n'y portent guère que des verroteries, un peu de fer et des cotonnades dans le nord : ce sont des cotonnades américaines, dites *melekan* (corruption de *american*). Malgré le mutisme intéressé des Souahélis, plusieurs informateurs ont pu avoir des lumières étendues sur leurs opérations et le riche marché qu'ils monopolisent. Consulter le lieutenant Wilmot Christopher, Indian Navy ; — Guillain, Voyage à la côte orientale d'Afrique: — Burton, Voyage aux grands lacs de l'Afrique orientale.—Le premier voyageur européen qui, malgré les intrigues des Souahélis de Brawa, atteindra Ganané, situé sur un fleuve navigable, répandra les lumières les plus utiles sur le commerce et les ressources productives d'une région aussi vaste que la France et l'Italie réunies.

RENSEIGNEMENTS SUR LES EXPÉDITIONS A FAIRE EN
ABYSSINIE ET DANS LE SUD DE LA MER ROUGE

Les marchandises françaises ont été jusqu'à ce jour peu répandues sur l'immense marché abyssin. L'Inde anglaise par ses tissus, l'Autriche par ses produits à bon marché, se sont assuré le monopole de ce débouché, presque aussi vaste que celui de l'Espagne. Depuis quelques années seulement notre commerce semble tourner ses regards de ce côté, où il pourrait y avoir des échanges avantageux à opérer, pourvu que l'on consentît à suivre les conseils suivants, qui doivent guider tout commerçant européen dans ces parages.

Le marché abyssin offre des caractères particuliers. Juger les naturels de ce pays par ce que l'on connaît des Orientaux en général et surtout des chrétiens d'Orient, serait s'exposer à des méprises ruineuses. Les Orientaux n'ont, pour ainsi dire, aucune prédilection pour telle ou telle provenance en matière de luxe, et ils reçoivent les beaux produits de quelque pays qu'ils viennent. L'Abyssin, au contraire, est très-fier de tout ce qui touche à son pays, et les deux ou trois industries qui suffisent à ses besoins (sellerie, orfévrerie, broderie) sont réellement perfectionnées et donnent des produits d'assez bon goût. Nos fabriques, une fois pourvues de modèles, produiraient certainement mieux et à meilleur marché; mais cette dernière considération ne saurait lutter chez le riche Abyssin contre l'orgueil de porter des objets fabriqués chez lui. Le Négus (souverain du pays), qui vient de payer 5,500 dollars deux mauvais obusiers et cinquante obus que lui ont fabriqués les missionnaires bâlois établis près de Devra-Tabor, savait qu'achetés en France ils ne lui auraient pas coûté plus de 200 dollars; mais il a préféré des produits défectueux faits dans ses États.

Le commerce des objets de luxe n'a donc presque pas de chances de succès en Abyssinie. Le Négus seul peut faire des commandes de quelque importance; mais, comme il y a en Abyssinie des coutumes somptuaires, n'est pas libre qui veut de se vêtir magnifiquement. La robe de soie, la selle brodée, indiquent le rang de celui qui les porte, et c'est le Négus qui les donne. Ce peuple est guerrier, et les razzias fréquentes auxquelles il est exposé le détournent d'orner ses demeures. Les femmes de grande maison ne se distinguent elles-mêmes des autres que par les broderies qui décorent leurs tuniques et qui se payent d'ailleurs assez cher.

En revanche, le commerce des objets de luxe aurait un débouché assuré dans les villes musulmanes de la mer Rouge, comme Massaoua, Moka, Hodeïda, Loheia, Souakin, et dans le rayon de Djedda. Les Turcs aisés tiennent à l'élégance, surtout pour leur harem. Toute ville de garnison (comme les villes précitées, sauf peut-être Moka et Loheia) a en outre un personnel nombreux de fonctionnaires qui achèteraient volontiers des produits français. Voici les principaux articles qui s'écouleraient avantageusement :

Tissus. — Baréges, gazes, crêpes, articles de Lyon, tous les tissus légers, opaques ou transparents, à couleurs vives, écharpes, cayoukas, etc. La couleur préférable est le vert, de n'importe quelle nuance, sauf le vert foncé ; viennent ensuite le ponceau, le rose, le jaune. Le bleu est un peu moins goûté, ainsi que le gris-perle, le lilas et les différentes nuances du brun. Cependant les soieries gris-perle et lilas clair sont recherchées, surtout pour faire les vestes des officiers égyptiens. On préfère, pour les robes, écharpes et voiles de femmes, les tissus rayés, rose et blanc, jaune et bleu, vert et blanc, etc. Ces rayures se placent mieux que les dessins. Pour mouchoirs, on achète les batistes de Valenciennes, surtout si elles sont marquées de l'étoile et du croissant.

Il faut citer encore, parmi les *tissus*, les cotonnades et indiennes imprimées, à couleurs vives et variées, et les cotonnades bleues et rouges pour les tentures des églises. Les Abyssins, n'ayant pas les préjugés des musulmans contre la reproduction de la figure humaine, aimeraient assez les mouchoirs imprimés représentant des batailles ou des scènes de la vie familière d'Europe. Pour tous les tissus à fleurs et à ramages, les meilleurs acheteurs seront les gens aisés des villes du littoral, qui s'en servent pour coussins, divans, etc.

Parfumeries et eaux de senteur. — Article très-demandé en Abyssinie.

Argenterie galvanique. — Cet article se place chez les Orientaux qui ont adopté quelques habitudes européennes ; mais il faut se garder de toute fraude et ne présenter les couverts que pour ce qu'ils sont. Chez les Turcs, Coptes et Égyptiens aisés, on placerait sans peine des services complets de 80 à 90 pièces.

Tapisserie. — On aurait peut-être de la peine à faire concurrence aux produits très-éclatants et pourtant peu chers de la Perse, de l'Inde et de l'Anatolie, qui sont jusqu'à présent en possession exclusive des marchés de la mer Rouge.

Ferblanterie. — Ne se vend guère qu'aux riches Orientaux; les aiguières (*ibrik*) surtout, d'après les modèles en usage, les lanternes de toute dimension, les ustensiles de cuisine, sont recherchés.

Sucre en pains. — Il est importé en Abyssinie sous le nom de sucre belge.

Instruments d'optique. — Tels que lunettes d'approche d'un prix moyen, stéréoscopes avec vues de Paris et du Caire.

Horlogerie. — Montres et horloges de la Forêt-Noire à cadrans arabes, de préférence.

La *quincaillerie* à bon marché aurait des chances d'écoulement, ainsi que *la coutellerie*, mais seulement pour les rasoirs, car les couteaux de table abyssins ont une forme particulière et les nôtres ne se vendraient pas.

L'*imagerie* d'Épinal placerait des sujets religieux, madones, images de saint Michel et de saint Georges, portraits de souverains.

Le *papier* dit *écolier* est très-demandé et se vendrait bien, si on pouvait lutter avec les papiers grossiers et à bon marché que fournit Trieste.

Allumettes chimiques. — Cet article se consomme par millions de boîtes en Orient, et une maison de Vienne en a eu jusqu'ici le monopole. La concurrence avec elle serait possible, croit-on.

Armes à feu. — Le gouvernement abyssin en est bien pourvu, mais la vente en détail serait facile pour les fusils doubles. Un fusil vendu 30 francs en France se place très bien à Gondar pour 75. Liége semble avoir jusqu'ici exploité presque seule le marché, mais de seconde main; un marchand en rapport direct avec Saint-Étienne, et faisant à la fois la vente et la réparation, pourrait entreprendre à Massaoua de bonnes affaires. Khartoum était jusqu'à ce jour la place la plus avantageuse de l'Afrique orientale pour ce genre d'affaires, mais des arrivages simultanés d'armes ont encombré le marché et amené une baisse ruineuse. En revanche, les pistolets de tout calibre sont d'un excellent placement partout. Le plomb en lingots est très-demandé, mais d'un port dispendieux à cause de son poids. Les boîtes de capsules sont également recherchées.

Les expéditeurs français auraient tort d'attendre les commandes qui leur viendraient de Massaoua, Souakin et Hodeïda. Le commerce oriental est routinier, il a besoin d'être sollicité, et s'il fait des commandes, ce n'est guère qu'à Bombay. Il ne faut pas attendre le percement du canal de Suez pour tenter d'ouvrir le marché. Le moyen le plus immédiatement réalisable serait le suivant : une des villes le plus directement intéressées à ouvrir le marché (Lyon, Rouen, Mulhouse, Saint-Étienne, etc.) pourrait envoyer à Massaoua deux ou trois jeunes agents, probes, intelligents, et qui, en passant à Alexandrie, s'adjoindraient un employé levantin comme interprète de la langue arabe. Ils apporteraient un assortiment complet de marchandises, aussi variées que possible, en se basant sur les données ci-dessus, et ils les écouleraient sans difficulté. Au retour, ils pourraient se munir de produits indigènes, tels que plumes d'autruche, ivoire, perles de Dahlak, musc, séné, café dit Moka qui vient en réalité du sud de l'Abyssinie. Les bénéfices de ce premier essai seraient convenables, sans être brillants, et l'on aurait obtenu un résultat utile, en prenant en quelque sorte possession de ce débouché nouveau. Ceci ne serait pas sans précédent, car deux israélites algériens, venus à Khartoum en septembre 1862, ont écoulé en quinze jours une pacotille qu'ils avaient apportée et dont la vente, frais de voyage couverts, leur a procuré un gain notable.

Il faudrait bien se garder d'avoir le commerce indigène pour ennemi, surtout les *neggadé* ou caravanistes abyssins. On peut arriver à l'avoir au contraire pour auxiliaire, en lui cédant en gros les articles qu'il est mieux placé pour vendre en détail. Dans l'état présent des choses, un trafiquant français qui voudrait pénétrer en Abyssinie aurait moins de chances de profits que d'exactions et de tracasseries de toute espèce. Il est à espérer que la cessation plus ou moins prochaine de la guerre civile amènera une situation plus favorable pour le commerce de ces régions. Il ne faudrait pas non plus oublier de se pourvoir, en assez grande quantité, de tout ce qui est nécessaire pour la consommation journalière des Européens; car il y a sur divers points de l'Abyssinie (Adoua, Djenda, Gafat) une vingtaine de familles européennes, toutes dans l'aisance, qui envoient trois ou quatre fois l'an à Massaoua pour faire leurs achats et qui seraient heureuses de se procurer tout ce dont elles ont besoin, même à un prix double des prix courants de France. Pour preuve de la difficulté qu'on éprouve en Abyssinie à se procurer le nécessaire, il suffira de dire que les cinq sixièmes des Européens établis dans ce pays, même les plus riches, marchent pieds nus.

17.

CULTURE ET COMMERCE DU COTON

DANS L'ABYSSINIE ET LE SOUDAN ÉGYPTIEN.

Le grand centre de la production cotonnière dans l'Afrique orientale est ce qu'on appelle les Djézaïr (îles) du Sennaar oriental, c'est-à-dire les trois contrées situées : 1° entre le Nil Bleu et le Dender; 2° entre le Dender et le Rahad; 3° entre le Rahad et l'Atbara. A chacune de ces trois régions correspond un marché important pour le coton, savoir : à la première, Karkodj, à trois journées au-dessus du Sennaar; à la seconde, Daberki, sur un gué du Dender; à la troisième, Métamma-Gallabat, à deux heures de l'Atbara. Les Djézaïr sont un vaste territoire entièrement formé d'une alluvion nilotique, brune, grasse et compacte, avec quelques ravins qui conservent ou écoulent l'eau des pluies estivales, et qui, en certains endroits, ont légèrement ondulé le sol en le dégarnisant et en formant des coteaux doucement arrondis, de 10, 12, 15 mètres de pente, rarement davantage. Ces ravins n'ont d'eau courante que durant les pluies, sauf celui d'Absogoul, que l'on pourrait appeler l'unique ruisseau du Soudan proprement dit. Le vallon d'Abielat renferme un lac pittoresque. A partir de mars ou d'avril, le pays souffre du manque d'eaux courantes, car le Dender et le Rahad, qui sont,˙de juillet à octobre, des fleuves presque majestueux, ne sont, en avril, que des lits desséchés, présentant de longues suites de mares dormantes au milieu d'un limon noir et friable. En revanche, la végétation des Djézaïr est riche et variée le long des rivières ; l'intérieur est parsemé de forêts, où dominent les gommiers et autres arbres épineux. Dans les terrains découverts et même dans la *khala* (1) croît, en immenses nappes d'un jaune clair, le *ghech*, nom générique donné à toutes ces graminées du Soudan dont la hauteur varie, au Sennaar, entre 4 et 10 pieds. Sur la vaste surface des plaines de *ghech*, se découpent en carrés de rares plantations de *dourra*, de coton et de sésame.

Le Gallabat diffère, par son aspect, son relief et sa végétation toute particulière, d'avec les Djézaïr. C'est un district bien arrosé, fortement ondulé, et même adossé à une chaîne d'assez hautes montagnes, appelées Ras-el-Fil (la tête de l'éléphant), bien boisées, avec beaucoup de villages et de cultures sur le versant oriental. L'ensemble du territoire cotonnier forme un quadrilatère grossier, circonscrit par le Nil, l'Atbara, le plateau abyssin de Dankor au sud, et au nord par la route d'Abou-Haraz à Soufi, sur l'Atbara. C'est une surface d'environ 4,180 myriamètres carrés, que l'on peut approximativement diviser ainsi : 1/15 en culture, 3/15 en forêts, le reste parcouru par les Arabes nomades Kaouakha, Roufa, Hammada, Ab-Simbel, Dabaïneh, qui sont les anciens possesseurs du pays.

Il est difficile d'apprécier, même approximative-

---

(1) La *khala* est la forêt aux arbres très-espacés ; la *iala* est la forêt compacte.

ment, la production annuelle du coton dans le Sennaar. Daberki n'est qu'un petit marché, à cause du
manque de voies de communication, et Karkodj ne
fait d'affaires que pendant une période fort limitée.
Cette place reçoit, de novembre à février, de nombreux spéculateurs venus de Khartoum, et attire un
bon tiers, peut-être même davantage, de la production du district entre le Nil et le Dender, pour l'ex-
pédier par Khartoum sur le Caire.

Métamma, appelée souvent Gallabat, du nom de la
province dont elle est le chef-lieu, peuplée d'une colonie d'émigrés nègres du Darfour, à peu près indé-
pendante, et qui a passé, en 1863, de la suzeraineté
des Abyssins à celle de l'Égypte, est le plus grand
marché permanent. Il s'ouvre le mardi a trois articles
principaux : le café, la cire et le coton ; mais ce dernier prime les autres. Quoiqu'il soit impossible d'obtenir du cheikh soupçonneux de Gallabat le chiffre
vrai des arrivages hebdomadaires, on peut évaluer en
moyenne à 4,000 balles la vente de chaque marché. A
la vérité, c'est du coton brut, c'est-à-dire avec la se-
mence, ce qui l'alourdit considérablement. La balle
(ou sac) de coton, cousue dans une natte, est du poids
de 125 à 150 rotoli ou livres arabes (52 à 63 kilogrammes). Deux balles forment un *rahl*, dont le prix,
à Métamma, est de 1 talaro 3 (6 fr.), cours actuel ;
mais les prix varient et la hausse croît à mesure que
l'on s'éloigne de l'époque de la récolte, qui a lieu en
janvier. Il y a des années où, par suite de mauvaises
récoltes, la hausse a atteint des chiffres incroyables.
Les dernières sont de ce nombre. Il paraît qu'on
aurait payé jusquà 25 talari (131 fr. 25 c.) une charge
de chameau de 7 balles, soit près de 20 francs les
50 kilogrammes.

L'Abyssinie, qui fait une consommation énorme de coton (tous les vêtements des Abyssins sont de cette matière), en cultive très-peu. Il n'y en a que dans les districts d'Ifag et de Métraha. Les autres plantations qui peuvent exister sont très-inférieures aux besoins. Aussi, le pays importe-t-il tout ce qui se trouve sur les marchés de Métamma. Les marchés abyssins sont bien étagés à cet effet, depuis la frontière jusqu'à Gondar. Il y a trois jours de marche de Métamma à Vochni, trois de Vochni à Tchelga, une petite journée de Tchelga à Djenda, une forte journée de Djenda à Gondar. Pour permettre aux acheteurs de fréquenter successivement tous les marchés, les jours de ceux-ci ont été réglés de la manière suivante : Métamma, le mardi ; Vochni, le samedi ; Tchelga, le mardi ; Djenda, le lundi ; Gondar, le samedi.

De Métamma à Vochni, les transports se font par chameaux ; la charge d'un chameau variant de 4 à 7 balles, selon le poids des balles et la force de l'animal. De Vochni à l'intérieur, on a des ânes, qui font en moyenne 36 kilomètres par jour, avec des charges de deux balles.

La douane de Métamma, par une disposition très-bien entendue dans l'intérêt du commerce local, ne fait rien payer pour les cotons mis en vente sur cette place ; la douane abyssine, au contraire, a établi un système de perception qui rend la denrée d'autant plus coûteuse qu'on s'éloigne de la frontière. Le neggadé parti de Gallabat paye 1 sel (1) par balle au poste de Balouha, à 200 mètres de Vochni, autant à Zer-Amba, autant à Tchelga, autant à Ferka, et ainsi de suite. En résumé, la balle brute, qui coûte de 3 à

(1) Un sel vaut environ 20 centimes.

4 francs au plus à Métamma, vaut 3 talari (près de 16 fr.), à la même date, au marché de Djenda. Cette différence devient ruineuse pour les consommateurs, si l'on ajoute aux frais de voyage et de douane les chances de vexation, de pillage et de ruine qui menacent les caravanes en ce pays.

Guedaref, à trois journées au nord de Métamma, a un marché important qui se tient deux fois la semaine ; mais ce n'est pour les cotons qu'une succursale très-secondaire de Gallabat. Les cotons du nord-est des Djézaïr viennent à Guedaref en deux ou trois jours au plus, par Métamma, du Rahad et de Beila, et sont entièrement achetés par les marchands de Kassala et par les nomades des environs. Wogin, autre marché sur la route de Guedaref à Gallabat, fait aussi un commerce de coton assez actif.

En présence de la crise cotonnière, il peut être utile de signaler la possibilité de pratiquer lu culture du coton dans ces contrées. Ainsi, un négociant de Manchester a envoyé aux missionnaires établis à Métamma une somme de 25 guinées, pour encourager cette culture dans la province. Il serait à désirer que cet exemple isolé fût suivi, surtout par nos compatriotes, et que la spéculation française se portât de ce côté. Les districts cotonniers de ce pays représentent au moins une surface de 4,180 myriamètres carrés. Si de cette surface on défalque les bois, les cultures, les terrains nécessaires aux nomades pour le parcours de leurs troupeaux, il reste 1,500 myriamètres carrés, soit 15 millions d'hectares, disponibles dans un sol d'une force productive égale à celle de l'Alsace. Le planteur qui, disposant de 4,000 à 5,000 dollars et de trois ou quatre auxiliaires capables de faire de bons contre-maîtres, comme on en trouve beaucoup dans la Basse-Égypte, viendrait tenter une spéculation dans les Djézaïr, serait assuré d'y trouver des terrains à louer à très-bon marché, la main d'œuvre trois fois inférieure aux prix d'Europe et la protection d'un gouvernement très-bien disposé en faveur des immigrants européens. Les deux seules objections possibles seraient le manque d'eau et l'éloignement des voies maritimes et fluviales. Mais, avec des puits et des *sakiés*, on peut irriguer les terrains les plus éloignés des fleuves, et l'établissement d'une *sakié* ne revient pas à 150 francs; reste la question des transports. Si l'on choisit la voie de Souakin et de la mer Rouge, on a 25 journées des Djézaïr à la mer par Kassala. Si l'on prend la voie de Khartoum, c'est un voyage d'environ 11 jours, auxquels il faut en ajouter 20 à 22 si l'on continue par terre jusqu'à Korosko, pour éviter les cataractes. Dans l'un et l'autre cas, le transport se ferait au moyen de chameaux, qui, du reste, se louent et se vendent à bon marché au Soudan égyptien : la seule tribu des Choukrié dispose de 40,000 chameaux de charge qu'elle ne demande qu'à utiliser.

Ce plan d'exploitation directe du sol a l'inconvénient d'exciter par une concurrence redoutable, la jalousie des producteurs indigènes. On éviterait cet inconvénient par l'exploitation indirecte, qui consisterait à apporter dans le pays une quantité considérable de graines de première qualité, et à distribuer aux cultivateurs indigènes, en prenant avec eux des engagements pour l'achat de leurs récoltes à un prix déterminé d'avance. C'est un genre de spéculation fort licite et qui assure à l'indigène un bénéfice certain ; l'entrepreneur seul court les chances de la spéculation, mais il dépend de sa sagacité de les rendre aussi peu aléatoires que possible. On sait qu'un plant de coton dure trois ans. Entre la plantation et la première récolte, il s'écoule de quinze à dix-huit mois. Les chances défavorables que courrait le spéculateur se borneraient à celle de la baisse qui pourrait se produire par suite de la pacification de l'Amérique. On n'en croit pas moins que notre industrie cotonnière pourrait trouver dans ces contrées un de ces lieux de production qu'elle cherche ailleurs dans des conditions moins favorables. Le projet d'une telle entreprise est si peu chimérique qu'il a été mis en avant dans le pays même, et les Choukrié et les Dabaineh, qui sont les deux tribus arabes les plus puissantes de la Nubie, se montreraient très-disposés à entrer dans cette voie, avec le concours de spéculateurs probes, actifs et intelligents.

Paris. — E. De Soye, imprimeur, place du Panthéon, 2

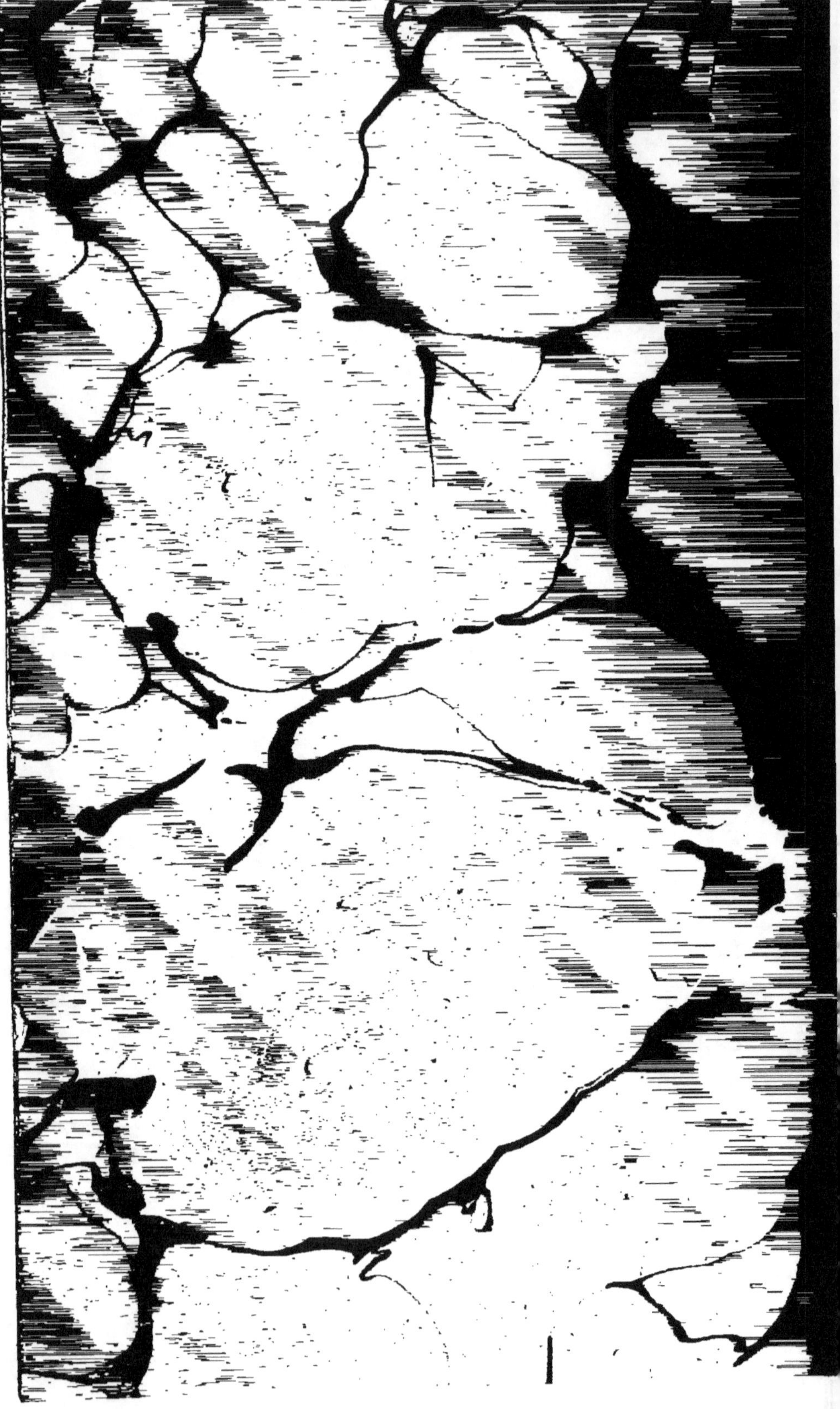

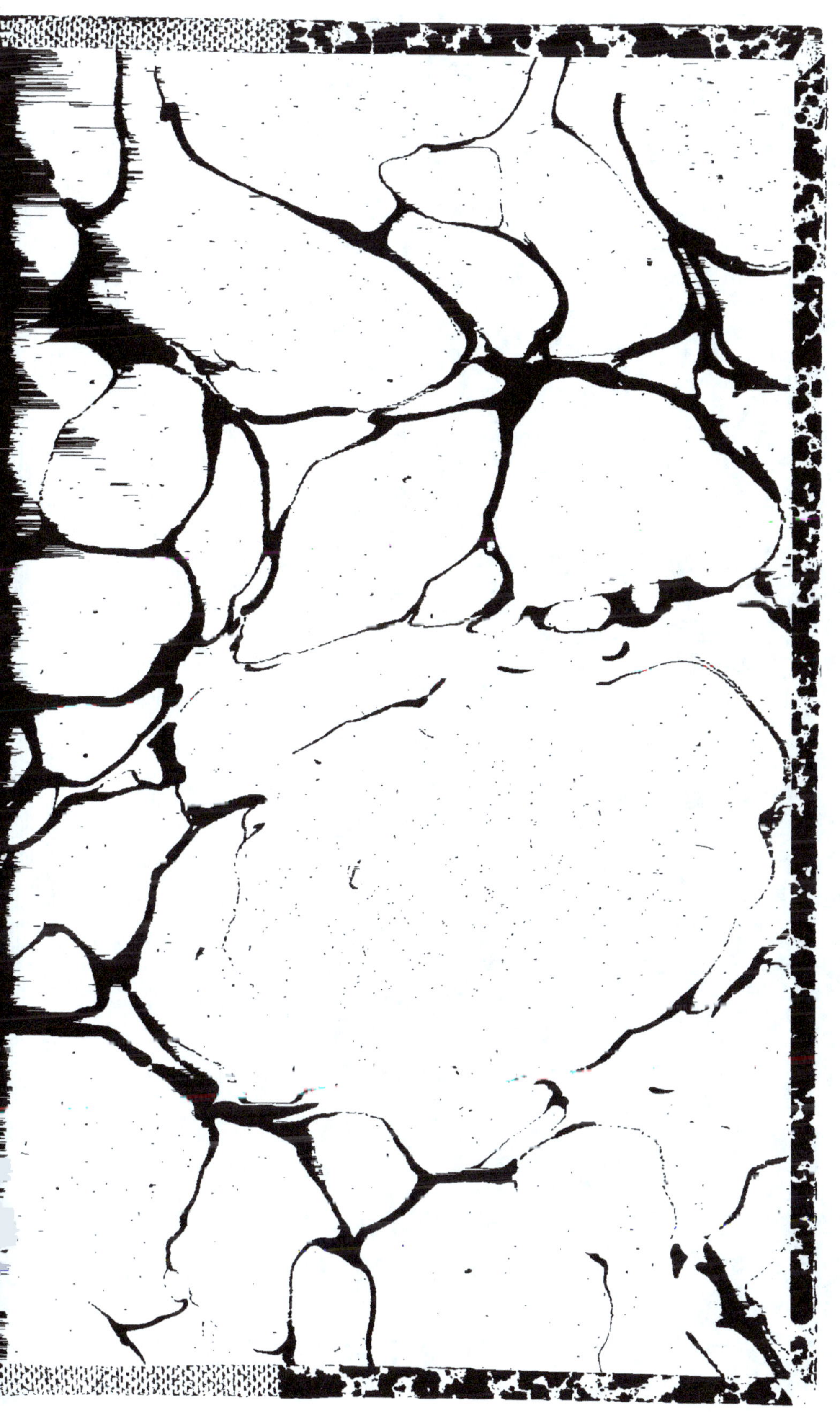

www.ingramcontent.com/pod-product-compliance
Lightning Source LLC
Chambersburg PA
CBHW051235050726
47594CB00001B/174